Carmen Nebel

Das hab ich mir gedacht

Carmen Nebel

Das hab ich mir gedacht

HERDER

FREIBURG · BASEL · WIEN

MIX
Papier aus verantwortungsvollen Quellen
FSC® C106847
www.fsc.org

www.herder.de

Umschlaggestaltung: Verlag Herder
Umschlagmotiv: © Manfred Esser

Satz: Layoutsatz Kendlinger Mediendesign, Freiburg
Herstellung: fgb · freiburger graphische betriebe
www.fgb.de

Printed in Germany

ISBN 978-3-451-30591-7

Was hab ich mir dabei gedacht?

Sieben Jahre lang habe ich Woche für Woche in der Zeitschrift „Frau im Spiegel" eine Kolumne veröffentlicht. Als ich seinerzeit gefragt wurde, ob ich schreiben wolle, habe ich spontan „nein" gesagt. Nein, ich wollte nicht, denn ich bin keine Journalistin. Bis dahin hatte ich vermieden, etwas öffentlich zu tun, von dem ich der Meinung war, es nicht gut zu können: z.B. Singen und Seiltanzen. Dann aber offerierte mir mein Geschäftspartner Peter Wolf eine seiner besonders listigen Ideen. Er meinte, so eine Kolumne wäre doch eine hübsche und regelmäßige Einnahmequelle, allerdings nicht für mich, sondern für die Kinderkrebsklinik in Freiburg. Dieser Einrichtung, für die ich mich seit Jahren engagiere, könne ich doch die Honorare spenden. Ich sagte „ja". Und dann wurden es sieben Jahre, in denen viele Menschen meine Gedanken lesen konnten. Am Anfang hab ich mir gedacht, wenn das wenigstens ein Jahr gut geht, dann ist schon viel gewonnen. Und heute darf ich feststellen: Wer meine erste Kolumne auf der Entbindungsstation gelesen hat, dessen Nachwuchs kann jetzt selbst schon lesen. Als ich nun das Angebot bekam, aus den Zeitungsartikeln ein Buch zu machen, habe ich gar nicht erst „nein", gesagt sondern gleich „ja", denn ein großer Teil der Einnahmen geht an den Förderverein für krebskranke Kinder in Freiburg e.V. Bis heute besuche ich die kleinen Patienten, und zu einigen ist der Kontakt nie abgerissen. Die Ärztinnen und Ärzte, die Schwestern und Pfleger der Freiburger Kinderkrebsklinik sind Menschen, die ich verehre und bewundere. Ich bin stolz darauf, dass ich mittlerweile fast schon zum Team gehöre. Gemeinsam haben wir es nicht nur geschafft, hochwertige technische Geräte anzuschaffen und zusätzliches Personal einzustellen, aus Spendenmitteln konnte auch ein Elternhaus gebaut werden. Mit einem solchen, kostenfrei zu nutzenden, „Familienhotel" können Kinder und Angehörige während der Therapie zusammenbleiben. Keine noch so gute und liebevolle Betreuung kann die Nähe der Eltern und Geschwister ersetzen. Wärme und die Zuwendung vertrauter Menschen lindern Schmerzen und sind ein wahres „Wundermittel" im Kampf gegen die heimtückische Krankheit. Inzwischen ist ein neues Elternhaus dringend nötig. Ich hoffe sehr, dass dieses Buch ein wenig dazu beitragen kann, das zu ermöglichen.

Dafür möchte ich Ihnen mehr bieten als eine bloße Zusammenstellung von Texten der vergangenen Jahre. Als „gelernte" Moderatorin versuche ich, die einzelnen Beiträge gewissermaßen anzumoderieren, um, wie in einer Fernsehshow, einzelne Programmteile miteinander zu verbinden. Moderationen haben oft einen „roten Faden". Das verbindende Thema meiner gedruckten „Kolumnen-Show" heißt „Sprache". Sie ist mein Handwerkszeug. Woher kommen manche Wörter und Wendungen, geflügelte Worte und Redensarten? Und was kann man nicht alles damit anstellen! Sprache sagt eine Menge über das, was wir denken. Ich hoffe, Sie lesen gern, was ich mir gedacht habe!

Herzlichst Ihre

Carmen Nebel

Kennen Sie das Theaterstück „Graupenmüller“ von H. Salingré? Ich kenne es nicht. Und der größte Teil der Menschheit hat es vergessen. Es ist ja auch recht alt, eine Altberliner Posse aus dem Jahre 1870. Aber aus diesem Werk stammt ein Satz, der als unvergessenes Sprichwort in unseren Sprachschatz eingegangen ist: Man muss die ...

Feste feiern wie sie fallen

Vor einiger Zeit haben wir hundert Jahre Führerschein gefeiert. Ein Bekannter von mir hat seinen Führerschein auch gefeiert. Nach vier Wochen Fahrverbot. Jährlich müssen 140000 Mitfahrer ihren „Lappen“ abgeben. Eine Million kriegen erst mal keinen, sie fallen durch die Prüfung. Nicht auszudenken, wenn mir einer von denen ungeprüft auf der Autobahn entgegen käme. Im Geburtsjahr des Führerscheins war die Gefahr, durch ein Auto ums Leben zu kommen, sechzig Mal höher als heute, gemessen am damaligen Fahrzeugbestand. Auch deshalb dürfen wir heute das Geburtstagskind hochleben lassen. Genau genommen erteilen wir ja Erlaubnisse ohne Ende: Viele Berufe brauchen zu ihrer Ausübung eine spezielle Zulassung. Außerdem gibt es Jagdscheine, Angelscheine, Flugscheine, Segelscheine, Kettensägenscheine usw. Eine geprüfte Qualifikation wird immer dann nötig, wenn zu viele Menschen nach Gutdünken etwas treiben, was für andere gefährlich werden kann: Auto fahren, Blinddärme operieren oder Öltanker steuern. Ich weiß, es ist unvernünftig, aber manchmal wünschte ich mir sogar noch viel mehr Scheine, z.B. eine Eltern-Erlaubnis. Jeder Mensch darf Kinder in die Welt setzen und erziehen. Es ist Schicksal, ob die Eltern dazu in der Lage sind oder nicht. Man darf übrigens auch ohne besondere Eignungsprüfung Politiker werden und regieren. Nun ja, das ist der Preis der Freiheit. In den Anfangszeiten einer technischen Neuerung ist die Freiheit immer grenzenlos, da kann noch jeder machen, was er will, zum Beispiel ein Flugzeug starten. Heute muss ein Pilot seine Zulassung ständig erneuern. Ich selbst habe im Übrigen nie einen Führerschein gemacht. In der DDR hieß dieses Dokument zu jener Zeit „Fahrerlaubnis". Ich denke, das Wort „Führer" schien einerseits historisch belastet und war andererseits der führenden Arbeiterklasse vorbehalten. Man musste auch sehr lange darauf warten, bis man überhaupt die Fahrschule beginnen konnte. Fast so lange wie auf das Auto. Später konnten große Firmen eigene Fahrschulen für ihre Angestellten einrichten. Aber auch im Westen musste man manchmal auf den Führerschein warten. Zum Beispiel, wenn der Ehemann das nicht wollte. Erst ab 1958 durften Frauen ohne Erlaubnis ihres Mannes Auto fahren. Dass es diese „Fahrerlaubnis" nicht mehr gibt, ist auch ein Grund zum Feiern. Oder?

Schon in der Bibel steht: „Frage nicht, warum war früher alles besser als heut? Damit verrätst du nur, dass du das Leben noch nicht kennst." Heute ist es – wie mir scheint – verpönt, alles besser zu finden, was früher war. Man möchte schließlich nicht in irgendeine Nostalgiker- oder, noch schlimmer, Ostalgie-Ecke gestellt werden. Zur Tarnung des natürlichen Nostalgiebedürfnisses hat sich die Redewendung „Früher war alles besser" versteckt. Und zwar in dem pseudo-ironischen:

Früher war nicht alles schlecht

Seit einiger Zeit besitze ich einen Computer, und nun bin ich gelegentlich auch im Internet unterwegs. Bis jetzt habe ich so was nicht gebraucht. Es ist wie mit so vielen Errungenschaften der Menschheit: Man kann eigentlich ganz gut ohne sie leben, aber nur so lange sie noch nicht erfunden sind. Mit einem Mal werden Computer, Handy, Internet, Gameboy, Navi, Darmflorapflege-Präparate, Nordic Walking, Facebook und vieles andere geradezu lebensnotwendig. Irgendwann stellt sich dann aber auch heraus, dass jeder vergötterte Fortschritt mehr oder weniger giftig, ätzend, umweltschädlich, krankheitserregend oder sonst wie lebensgefährlich ist. Mein Auto war bis gestern noch der letzte Schrei der Umwelttechnik. Heute trau ich mich damit vor lauter schlechtem Gewissen fast nur noch im Dunkeln auf die Straße. Jeder Fortschritt ist irgendwann wieder fort. Allerdings: Ohne das überaus fortschrittliche Internet wäre ich wahrscheinlich gar nicht auf solche rückschrittlichen Gedanken gekommen. Im Netz fand ich einen Artikel, der mich sehr amüsiert hat. Darin wird darauf verwiesen, dass Leute, die in den Fünfzigern, Sechzigern und auch noch Ende der Siebziger Kind waren, in Autos ohne Gurt gesessen haben, Fahrrad ohne Helm gefahren sind und sich unbeschwert geprügelt haben. Gegessen wurden zum Beispiel Butterbrot und Regenwürmer, wozu man reichlich Leitungswasser trank. In der Schule musste man ohne psychologischen Beistand Erfolg haben und sogar mit Enttäuschungen und Niederlagen zurechtkommen. Das Verblüffendste an diesen Gefährdungen früherer Kindergenerationen, zu denen auch ich gehöre, ist die Tatsache, dass man das alles offenbar überlebt hat. Ich selbst kann mich nur wundern und hinzufügen: In meiner Clique haben wir seinerzeit auch noch Eiszapfen gelutscht und ungewaschene, geklaute Äpfel gegessen. Natürlich kann man sagen: Wir haben, wenn auch aus Unwissenheit, fahrlässig gespielt, gegessen und getrunken. Und vielleicht bilde ich mir ja auch nur ein, dass wir seinerzeit etwas weniger krank und empfindlich waren. Aber mir scheint, dass wir es heutzutage manchmal übertreiben mit dem Beschützen und Behüten der lieben Kleinen. Auch in der Kindererziehung erweist sich der eine oder andere Fortschritt als vergänglich oder anders gesagt: Früher war halt nicht alles schlecht.

Der Prediger und Schriftsteller Abraham a Santa Clara (eigentlich Johann Ulrich Megerle aus Messkirch) hat im 17. Jahrhundert geschrieben: Das gefährlichste Möbelstück ist die „lange Bank", das gefährlichste Instrument die „alte Leier". Inzwischen gebrauchen wir sinngemäß für „die alte Leier" auch

Das alte Lied

Ich habe allerdings die Erfahrung gemacht, dass alte Lieder manchmal ewig jung sind, wenn sie eine ewige Wahrheit enthalten. Vor einiger Zeit habe ich einen guten Freund besucht. Walter Plathe, der langjährige ZDF-Landarzt, trat am Berliner Ku'damm-Theater mal wieder mit seinem Klassiker auf, einem Abend mit Liedern von Otto Reutter. Nicht Ernst, der Bürgermeister („Schaut auf diese Stadt!"), sondern Otto, der Entertainer (1870–1931). Plathes Reutter-Programm ist mittlerweile auch schon über 20 Jahre alt, aber immer noch taufrisch. Das liegt nicht nur am Künstler selbst, sondern auch am alten Reutter. Dessen Songs waren schon vor hundert Jahren Mega-Hits, und ich denke, man wird sie auch im nächsten Jahrhundert noch hören wollen. Reutter hatte in seinen Schlagern nämlich jede Menge ewige Wahrheiten verpackt, z. B.: „Ein Sachse ist immer dabei“, „Geld regiert die Welt“ oder „In fünfzig Jahren ist alles vorbei“. Viele dieser Erkenntnisse sind heutzutage durch die moderne Forschung bestätigt worden. So hat sich Otto Reutter seinerzeit bereits mit dem Einkaufsverhalten der Frauen beschäftigt. Das Couplet „Der Blusenkauf“ bestätigt lange vor Ausbruch unserer Massenkonsumgesellschaft die genetischen Grundlagen heutiger Verhaltensmuster: Eine Frau will mit ihrem Mann Mittag essen gehen, als die beiden an einem Geschäft vorbeikommen: „Es dauert nur 'n Augenblick, bleib' draußen, sprach Frau Suse, ich kauf mir nur ne Bluse.“ Der Mann wartet wie ihm geheißen, und der Blusenkauf zieht sich über acht Strophen hin, wobei diverse Blusen in allen Farben des Regenbogens anprobiert werden. Jetzt, hundert Jahre danach, kommt die University of Pennsylvania zu dem Schluss: „Men buy, women shop.“ Für Frauen ist Einkaufen an sich ein Erlebnis, für Männer ein lästiger Job. Bekannt ist der Cartoon einer fiktiven Versuchsanordnung, bei der einer weiblichen und einer männlichen Testperson der Auftrag erteilt wird, in einem Shopping Center eine Unterhose zu kaufen. Der Mann braucht dafür auf geradem Weg sechs Minuten und 25 Euro; die Frau auf verschlungenen Wegen durch alle Läden fünf Stunden und 600 Euro. Im „Blusenkauf“ von Otto Reutter braucht die Frau übrigens so lange, bis ihr Begleiter verhungert ist. Daraufhin macht sie kehrt und kauft sich eine schwarze Bluse. Ich gehe vorsichtshalber nur noch allein einkaufen, damit ich nicht lügen muss: „… warte ganz in Ruhe, sprach Frau Carmen, ich kauf nur Schuhe, zu dem Armen.“

„Liebe macht blind", sagte der große griechische Philosoph Plato bereits in der Antike. Das hat er natürlich nicht wörtlich gemeint. Ich habe einmal sehenden Auges den folgenden Liebesbrief geschrieben:

Mein lieber Lippenstift!

Lieber Lippenstift, aus gegebenem Anlass möchte ich Dir heute ausnahmsweise mal einen Brief schreiben. Ja, es ist wahr: Wir alle werden immer älter, und sogar Du, der oft jünger macht, bist nun bald 130. Es war im Jahre 1883, da haben Pariser Parfümeure auf der Weltausstellung in Amsterdam den allerersten Lippenstift präsentiert. Du warst in Seidenpapier gewickelt und bestandest aus Rizinusöl, Hirschtalk und Bienenwachs. Lippenstift ist halt Geschmackssache. Vor allem, wenn man weiß, dass jemand, der sich regelmäßig mit Dir schminkt, dabei auch automatisch einen Stift pro Jahr verschluckt. Deine Vorfahren waren nicht immer appetitlich. In früheren Zeiten schmierte sich die Damenwelt z. B. Insektenblut und Olivenöl auf die Lippen. In der roten Paste war auch sogar Arsen. Wer solche Arsen-Lippen küsste, der musste wirklich unsterblich verliebt sein. Aber dann kamst Du auf die Welt, mein Lippenstift, doch Du hattest eine schwere Kindheit. Du galtest viele Jahre lang als verdorben und unschicklich. Außerdem warst Du sündhaft teuer. Bis Dich eines Tages die Schauspiel-Diva Sarah Bernhardt salonfähig machte. Heute benutzen Dich täglich 16 Millionen Frauen. Ich bin eine von ihnen. Pro Sekunde werden auf dieser Erde 22 Lippenstifte verkauft. Böse Zungen behaupten: mindestens einer davon an mich. Ohne Dich geh ich nicht aus dem Haus. Ja, ich muss zugeben, auch wenn ich nicht aus dem Haus gehe, habe ich Dich auf meinen Lippen.

Allerdings benutze ich Dich nur mit einem ganz besonderen Rot; einem, das relativ selten ist und nicht zu sehr auffällt. Ich habe panische Angst vor dem Tag, an dem man Dich aus dem Handel nimmt, deshalb kaufe ich immer auf Vorrat. Jede Frau hat im Durchschnitt vier Lippenstifte, darüber kann ich nur lachen, denn ich hab viel mehr. Meine Wohnung ist voller Lippenstifte. Mein Auto auch, denn ich kann nicht ohne Dich leben. Ohne Dich, mein Lippenstift, fühl ich mich nackt und schutzlos. Ohne Dich wäre alles so farb- und freudlos, denn mit Dir kann man viel mehr anstellen als nur die Lippen bemalen. Du bist auch ein herrlicher Zeitvertreib: Nach Dir kann ich stundenlang in der Handtasche suchen. Mit Dir kann ich meine Bürotasse markieren – oder auch einen Mann. Mit Dir kann man Männer überführen und verführen. Über Dich lässt sich Vieles sagen, aber auch eine Ausstellung zum 125. Geburtstag machen – wie sie vor ein paar Jahren in Berlin zu sehen war. Und schließlich kann man mit einem Lippenstift auch das tun, was man mit jedem Stift macht: Schreiben. Mit Lippenstiften wird vorwiegend auf Badezimmerspiegel geschrieben. Beispielsweise: „Ich liebe Dich." Oder das Gegenteil: „Ich gehe." Ich selbst habe mit Dir, lieber Lippenstift, noch nichts geschrieben, nur einen Kussmund aufs Briefpapier gemalt. Vielleicht schreib ich ja jetzt zu Deinem Geburtstag doch mal was mit Dir, auf meinen Spiegel: „Ich liebe Dich."

Wer in Deutschland als Vertreter einer „volkstümlichen Unterhaltung" verortet wird - egal, ob als Musiker, Sänger, Moderator oder Autor –, den ereilt eine schlimme Strafe. Sie wird grundsätzlich ohne Bewährung und lebenslänglich verhängt, manchmal über den

Tod hinaus. Schon Wilhelm Busch (1832–1908) musste es sich gefallen lassen, als volkstümlicher Humorist in der Schublade „bieder und schlicht" abgelegt zu werden. Von ihm stammt der Spruch: „Das Gute, dieser Satz steht fest, ist stets das Böse, das man lässt." Das finde ich in der Tat schlicht. Schlicht und einfach schön. Einige Leute halten alles, was halbwegs verständlich klingt, für dumm. Eine derart anmaßende Denke beruht auf einer durchaus volkstümlichen Erkenntnis: „Bescheidenheit ist eine Zier, doch weiter kommt man ohne ihr." Auch diese Weisheit wird gern Wilhelm Busch zugeschrieben. Aber das ist falsch. Sie soll aus Pommern oder Berlin stammen und wird häufig abgewandelt zu:

Höflichkeit ist eine Zier …

… doch weiter kommt man ohne ihr", sagt der Volksmund. In diesem Falle ist die Mundart des Volkes berlinerisch eingefärbt. Und mir scheint, das hat seinen unguten Grund. Unsere Hauptstadt hatte in Sachen Manieren und Höflichkeit wohl noch nie einen besonders guten Ruf. Und getreu einem weiteren Sprichwort, „Ist der Ruf erst ruiniert, lebt sich's gänzlich ungeniert", hat sich lange Zeit nur wenig daran geändert. Umso überraschter war ich, als ich im Internet auf die Ergebnisse eines Tests der Zeitschrift „Reader's Digest" gestoßen bin. Man hatte 35 Metropolen dieser Welt auf gute Manieren untersucht. Ahnungslose Bürger wurden verschiedenen Prüfungen unterzogen. Z.B.: Wie oft werden Türen aufgehalten? Oder: Was passiert, wenn man eine Mappe mit Papieren fallen lässt? Offenbar recht wenig in Bukarest, Seoul und Moskau, denn diese Städte rangieren eher am Ende der weltweiten Höflichkeits-Liste. Platz 1 ging nach New York mit 80 von 100 möglichen Punkten. Das wundert mich allerdings nicht, denn aus den USA hört man immer wieder mal von einer Art Diktatur der korrekten Umgangsformen, die mitunter etwas übertrieben wirkt. Es gibt aber auch Weltgegenden, in denen man völlig freiwillig höflich ist: Zürich auf Platz 2, Toronto die Nummer 3 – und schließlich, ich musste zwei Mal hinschauen: Berlin auf Platz 4! Die Zeiten haben sich geändert. Und die Berliner etwa auch? Ich kann mir das nur so erklären, dass die Berliner von heute gewissermaßen nicht mehr ganz echt sind. In den vergangenen Jahren sind höfliche Menschen aus aller Welt an die Spree gezogen. Schwaben und Türken, Rheinländer, Neuseeländer und viele andere kultivierte Weltbürgerinnen und -bürger. Ich selbst habe mich von Sachsen kommend in Berlin angesiedelt. Dort lebe ich auch heute noch, kann aber die Testergebnisse nur teilweise betätigen: Mag sein, dass die Berliner höflicher geworden sind. Sobald sie allerdings hinter einem Lenkrad sitzen, trifft das nicht mehr zu. Da schlagen die alten Ur-Instinkte wieder durch. In keiner anderen Stadt habe ich derart viele motorisierte Grobiane erlebt. Und wenn dann auch noch ein Ortsfremder etwas zögerlich anfährt, dann ertönt sofort ein Hupkonzert, als müssten alle anderen gerade jetzt die Welt retten. Warum benutze ich für diese Zeilen vor allem die männlich Form? Der Test hat ergeben: Frauen sind höflicher als Männer.

Dem deutschen Schlager wird nur allzu gern eine gewisse Beschränktheit nachgesagt. Das finde ich nun wieder etwas flach gedacht. Schließlich hat gerade der gemeine Schlager in schöner Regelmäßigkeit die Umgangssprache auch gebildeter Kreise durchaus befruchtet. „Ausgerechnet Bananen" war jahrzehntelang das Synonym für überzogene Frauenwünsche. „Marmor, Stein und Eisen bricht …" wollten Sprach-Fans allerdings nicht gelten lassen. Marmor, Stein und Eisen könnten allenfalls brechen, aber nicht „bricht". Aber „brechen" reimt sich nicht auf „nicht". Andererseits heißt es aber: „Glück und Glas, wie leicht bricht das." Dass mit 66 Jahren das Leben erst anfängt, ist mittlerweile – dank Udo Jürgens – eine Binsenweisheit. Manchmal weiß man nicht, was zuerst da war, der Schlager oder die Redensart, denn einige Schlagertexter sind raffiniert und suchen erst einmal nach neuen und gebräuchlichen Wendungen, um dann daraus einen Text zu basteln. Wie das beim folgenden Klassiker gelaufen ist, entzieht sich meiner Kenntnis; auf jeden Fall ist auch hier eine Schlagertextpassage geradezu sprichwörtlich geworden. In dem 1931 gedrehten UFA-Film „Der Kongress tanzt" singt Lilian Harvey: „Das gibt's nur einmal, das kommt nie wieder, das ist …"

Zu schön, um wahr zu sein

Was ist ein schöner Mann? Meine Freundin ist gerade ins Kino gerannt, weil sie „Mr. Big" Chris Noth aus „Sex and the City" wahnsinnig schön findet. Ich bin nicht mitgegangen, weil ich lieber auf den nächsten Streifen mit Clooney warte. *Der* ist ein schöner Mann. Oder? Ob wir etwas schön finden oder nicht, das hing – zumindest in früheren Zeiten – von recht handfesten und manchmal auch unschönen Dingen ab. Wenn zum Beispiel Fett knapp war (auf dem täglich Brot), dann fanden alle das Fett (auf den Rippen) geradezu sexy. Dort, wo Fettlebe herrscht, ist es genau andersherum. Vor 250 Jahren waren alle Mädels wie wild auf Casanova. Ein Typ mit Perücke, totenblass und dann auch noch weiß gepudert. Vornehme Blässe deutete auf Geld und Macht. So einer musste nicht im Freien arbeiten. Dann kam der gebräunte Herr in Mode. Gesunde Bräune deutet auf Geld und Yacht.

Und sicher finden wir bald wieder die Blässe schön. Das liegt dann vermutlich am Ozonloch. Inzwischen knechten sich auch die Männer mit Diäten, Fitnesstraining und Kosmetik, auch Männer werden heutzutage magersüchtig, auch Männer joggen mit hängender Zunge einem Schönheitsideal hinterher. Aber welchem? Adonis oder Herkules? Wer weiß, ob es die antiken Schönlinge wirklich gegeben hat. Waren die alten Bildhauer vielleicht Vorläufer der elektronischen Bildbearbeitung? Wo sind eigentlich all die keimfreien Helden aus der Werbung und den Versandhauskatalogen. In meinem Supermarkt hab ich noch keinen gefunden. Gaukelt man uns da eine makellose Schönheit vor, die es so vielleicht gar nicht gibt? Oder ist wahre Schönheit eben nicht das Vollkommene und Glatte? Die kleine Macke, der eingebaute Webfehler machen einen Menschen unverwechselbar und damit echt schön. Bei den Fernsehmoderatoren z. B. sind es übrigens fast niemals die makellosen, die wirklich Erfolg haben und geliebt werden. Es sind die markanten Nasen, Ohren und Bäuchlein, die kleinen dünnen oder die etwas molligen. Die mit den schmalen Schultern und den langen Armen. Unsere Mediengeschichte ist voll von unvollkommenen Stars und Helden: ob Hans-Joachim Kulenkampff oder Peter Frankenfeld, Ulrich Wickert oder Max Schautzer, Frank Elstner, Harald Schmidt, Thomas Gottschalk, Stefan Raab oder Günther Jauch. Alles tolle Männer – aber sie hatten und haben nichts gemein mit einem computergestützten Schönheitsideal der Hochglanz-Welt. Wer schön ist, bestimme ich. Und Sie, liebe Leserinnen. Meinen Freund finde ich übrigens ziemlich schön.

Unser großer Dichter Lessing (1729–1781) schrieb einmal: „Alt macht nicht das Grau der Haare, alt macht nicht die Zahl der Jahre, alt ist, wer den Humor verliert und sich für nichts mehr interessiert." Gegen den medialen Jugendwahn der Gegenwart hilft wahrscheinlich nicht mal Humor. Die Generation der so genannten 68er wird nicht umhinkommen, den Generationskonflikt künftig rückwärts auszutragen, so etwa nach dem Motto: Trau keinem unter dreißig. Die biedere Weisheit: „Man ist so alt, wie man sich fühlt" hat ausgedient und könnte ersetzt werden durch eine eher kämpferische und siegesgewisse Parole wie:

Älter werden hält jung!

Vor zwei Jahren war es so weit. Iris Berben ist sechzig geworden. Ich bin ein bekennender Fan und kann fast alles unterschreiben, was in diesen Tagen an überschwänglichen Komplimenten über sie geschrieben und gesagt wurde. Sie ist wirklich eine wunderbare Schauspielerin, eine sinnliche Frau und eine überaus engagierte Persönlichkeit. Nur in einem Punkt möchte ich widersprechen. Da war die Rede von „der Frau ohne Alter" oder ihrer „alterslosen Schönheit". Nein, ich finde Iris Berben ist durchaus eine Frau mit Alter, und ihre Schönheit ist keineswegs alterslos! Ihre Schönheit ist sechzig! Und das ist doch gerade das Schöne. Ja, Iris Berben ist schön, und sie sieht jünger aus. Das Äußere ist eher ein genetischer Glücksfall, so sieht sie es auch selbst. Die meisten von uns werden mit sechzig wahrscheinlich nicht mehr ganz so mädchenhaft aussehen wie sie. Ich meine aber trotzdem, dass diese Frau, gerade wegen ihrer außergewöhnlichen Erscheinung, so etwas sein könnte wie die Vorbotin einer völlig neuen Generation von älteren Menschen. Schon mit zwanzig war Iris Berben, wie viele ihrer Altersgenossinnen, ausgesprochen unangepasst und unbequem. Als die Sechzigjährigen von heute jung waren, haben sie plötzlich nicht mehr „funktioniert" wie sie sollten, sie waren nicht „artig" und folgsam. Und genau das sind sie jetzt wieder nicht. Iris Berben wirkt keineswegs so, wie eine Sechzigjährige in der Vorstellung vieler Entscheidungsträger auszusehen hat. Aber diese Leute werden sich noch wundern. Eine ganze Generation von gestanden-dynamischen Frauen wird älter und sich trotzdem nicht brav aus dem Arbeitsleben drängen lassen, wenn sie das nicht will. Wer länger im Beruf bleiben möchte, muss das auch dürfen und mit sechzig noch Jobs finden. Natürlich hat nicht jede Frau das Glück, eine begnadete Schauspielerin zu sein, die bis ins hohe Alter Rollen spielen kann; aber ich bin mir ganz sicher: Die Zahl derer, die auch mit Sechzig-plus auf eine eigene aktive Weise schön sind, wird immer größer. Die Tage des blinden Jugendwahns in unserer Kultur und in der Arbeitswelt sind gezählt. Die permanente Ignoranz von Lebenserfahrung hat uns mit Sicherheit eine Menge Geld gekostet, denn dadurch werden alte Fehler oftmals neu gemacht. Unsere Gesellschaft wird Alter wieder akzeptieren. Ich glaube, dafür steht auch Iris Berben. Und so wie sie älter zu werden, das scheint irgendwie jung zu halten.

Dass der Irrtum etwas zutiefst Menschliches ist, gehört zu den ältesten Weisheiten der Menschheit. Der römische Philosoph Seneca (1–65) und Kirchenvater Hieronymus (347–420) irrten keineswegs, als sie diese Auffassung vertraten. Der heilige Augustinus dachte noch etwas weiter und stellte fest, dass es nicht mehr menschlich, sondern geradezu teuflisch sei, wenn jemand aus Stolz meint, im Irrtum verharren zu müssen. Auch mir sind notorische Rechthaber(innen) und Besserwisser(innen) unheimlich. In diesem Sinne würde ich die berühmte Redewendung „Errare humanum est" einfach mal umdrehen und sagen: Nicht irren ist unmenschlich. Weil:

Irren ist menschlich

„Es irrt der Mensch, so lang er strebt", schrieb schon der große Goethe. Und weil Politiker und Politikerinnen besonders viel streben, manche sind regelrechte Streber, irren sie sich natürlich auch öfter als andere. Piloten hingegen sollten sich niemals irren, deshalb sind sie auch oft zu zweit. Das funktioniert allerdings nur im Flugzeug, in der Politik führt Koalition meist zu Turbulenzen. Aber nicht jeder Irrtum muss in einer Katastrophe enden. Wer 2010 irrtümlich Christian Wulff zum Bundespräsidenten gewählt hat, konnte 2012 mit der Wahl von Joachim Gauck nichts mehr falsch machen. Dazu Irrtums-Experte Goethe: „Wenn du nicht irrst, kommst du nie zu Verstand." Neudeutsch: trial and error. Anders gesagt: Der Weg zum Erfolg ist mit Irrtümern gepflastert. Das gilt übrigens auch fürs Showgeschäft. Es gibt da zum Beispiel ein kleines Lied, das wäre wahrscheinlich niemals zu einem der erfolgreichsten Schlager aller Zeiten geworden, wenn ein badischer Chansonnier und Opernsänger auf seinem Irrtum beharrt hätte. Der Mann hielt dieses Lied für unsingbar. Nach dem Genuss erheblicher Mengen Billig-Rotweins hat Tony Marshall die „Schöne Maid" dann trotzdem eingesungen. Es war sein Schaden nicht. Anders der legendäre Medienmanager Hans R. Beierlein. Der blieb stur und fand ein musikalisches Werk selbst nach dem Genuss besserer Weine noch zum Speien. Es war der „Anton aus Tirol".

Die Konkurrenz lebt noch heute recht gut von diesem Irrtum. Der belgische Star Adamo sang 1968 „Es geht eine Träne auf Reisen". Es war die deutsche Fassung eines Liedes, mit dem er bereits in Frankreich einen Riesenhit gelandet hatte. Ein Irrtum war die Grundlage des Deutschland-Erfolges, denn der Künstler glaubte zunächst, dass „Träne" die deutsche Entsprechung des französischen „train" ist, also Eisenbahnzug bedeutet. „Reisende Träne" hätte er als Blödsinn empfunden und niemals zugelassen. Als er dahinter kam, war die „Träne" bereits sein größter Hit in Deutschland. Ganz selten, und das wohl auch nur im Showgeschäft, gelingt es, einen Irrtum so lange zu wiederholen, bis er für wahr gehalten wird: „Kalkutta liegt am Ganges" (Vico Torriani). Kalkutta liegt aber circa 100 Kilometer weit weg vom Ganges. Goethe meint: „Die Irrtümer des Menschen machen ihn eigentlich liebenswürdig."

Es gibt bekanntlich nicht nur „Wörter des Jahres", sondern auch „Unwörter". Falls mal jemand die schlimmsten UnWORTE aller Zeiten sucht, ich hätte da einen Kandidaten: „Das Denken überlass mal den Pferden, die haben einen größeren Kopf." So was Furchtbares sagt man nicht mal im Spaß. Wenn selbst Pädagogen(innen) diesen Spruch benutzen, leide ich körperlich. Wahrscheinlich, weil ich selbst eine gelernte Lehrerin bin und einige Jahre im Schuldienst war. Rein formal hab ich Englisch und Deutsch unterrichtet – aber eigentlich wollte ich immer nur eins: Denken lehren. Selbstständiges Denken ist der Schlüssel für alle großen Fragen. Ich glaube: Denken ist die erste Bürgerpflicht. Und so wundert es mich nicht, dass der launige Spruch mit dem Denkverbot auf einem Kasernenhof entstanden sein soll. Ein berittener Leutnant Faber von der Königlich Sächsischen Kavallerie gilt als Urheber. Er hat einen Untergebenen mit diesen Worten „zur Sau" gemacht. Das geschah 1914. Die weiteren Jahre dieses Jahrhunderts verliefen dann entsprechend. Eigenständiges Denken scheint mir durchaus auch eine friedenserhaltende Maßnahme zu sein. Denken lernen kann man immer und überall. Heute gibt es dafür sogar besondere Tage, nämlich:

Gedenktage gegen Gedankenlosigkeit,

zum Beispiel den Tag der Deutschen Einheit. Über zwanzig Jahre Einheit und kein Ende – wird mancher denken. Sämtliche Medien arbeiten sich immer wieder um den 3. Oktober flächendeckend an diesem Thema ab. Niemand kann dem Jubiläum entrinnen. Haben wir das nicht alles schon hundertmal gehört, gelesen und gesehen? Geht's nicht auch eine Nummer kleiner? Ich denke: Nein. Dieses nationale Großereignis des Gedenkens und der Freude hat nach wie vor seinen Sinn. Nicht nur, weil man immer wieder von Jugendlichen hört, die glauben, Erich Honecker war der gewählte Bundeskanzler von Bitterfeld und die DDR eine Art lustige Plattenbau-WG, etwas beengt, aber sozial voll cool; es gibt auch andersherum einige Defizite: Ein wegen seiner erfrischend direkten Art auch von mir sehr geschätzter Journalist schrieb einmal über unsere Kanzlerin, die auf der Frankfurter Buchmesse ihre Freude über in die DDR geschmuggelte West-Bücher erwähnt hatte. Er meinte, dass so ein Buch die Freiheit beschrieb; die Freiheit, zu widersprechen und eigene Gedanken zu haben. Da hat er Recht. Aber dann kommt's: „Man muss sich das vorstellen. Die Kanzlerin als kleines Mädchen. Sie hat das Buch ‚Robinson Crusoe' in der Hand oder ein Buch von Fallada oder von Hemingway." Das kann ich mir sehr gut vorstellen, denn „Robinson Crusoe" war DDR-Schulstoff in Kasse 6, Fallada ist im Osten nicht nur verlegt, sondern auch oft verfilmt worden, und Hemingway ist dort ebenfalls erschienen. Was hingegen gern geschmuggelt wurde, waren eigene Autoren (Biermann, Heym), die kritische Werke oft nur in der Bundesrepublik veröffentlichen konnten. Das alles sind vielleicht Kleinigkeiten, die nichts an der Sache ändern, aber irgendwie finde ich es gedankenlos. Und manchmal geradezu gaga: Eine Event-Agentur hatte den Raumfahrer Sigmund Jähn in einer Pressemeldung beim Dresdner Opernball allen Ernstes als *ersten Mondfahrer der DDR* bezeichnet. Er war der erste Deutsche im Orbit. Mal abgesehen von solchen Einzelfällen ignoranter Blödheit: Die Verharmlosung der Vergangenheit scheint mir genauso schlimm wie die Verteufelung, weil sich beides gegenseitig hochschaukelt und die Wahrheit unscharf werden lässt. Ich meine, wir sollten Gedenktage nutzen, um Denken zu lernen. Und das heißt: selbst fragen und sich auseinandersetzen. Das ist unbequem, macht aber Spaß. Und deshalb wünsche ich uns alle Jahre wieder einen fröhlichen, nachdenklichen, entspannten und anstrengenden 3. Oktober.

Die menschliche Leber wurde in der Frühzeit der Medizin als Sitz der Stimmungen und Gefühle angesehen. Heute wissen wir, Stimmungen und Gefühle sind eher kopfgesteuert, aber nicht ohne Folgen für Herz („mein Herz hüpft"), Nieren („das geht mir an die Nieren") und Leber („mir ist eine Laus über die Leber gelaufen"). Im 16. Jahrhundert hieß es: Lachen ist der Leber gesund. Daraus ist geworden: Lachen ist gesund – oder:

Lachen ist die beste Medizin

Nach mancher Sendung „Willkommen bei Carmen Nebel" gab es wohlmeinende Kritikerinnen und Kritiker, die bemängeln, ich würde die Gäste der Show ein bisschen *zu* fröhlich willkommen heißen. Anders gesagt: Ich sollte doch bitte nicht gar so viel kichern. Nun ist jede Art von Hinweisen für Menschen vor der Kamera außerordentlich nützlich. Das meiste muss man ernst nehmen. Sicher kann zu viel Lachen auch nerven, aber kürzlich hab ich gelesen, dass der Mensch eigentlich gar nicht genug lachen kann, vor allem, weil es gesund ist. Dass man Stress und Ärger weglachen kann, ist allgemein bekannt, es passiert aber noch einiges mehr: Bis zu achtzig Muskeln werden trainiert, und nach dem Lachen sinkt sogar der Blutdruck. Herzhaftes „Giggeln" (sächsisch für Kichern) stärkt das Immunsystem und wirkt auch als Schmerzmittel. Gelotologie heißt die Wissenschaft vom Lachen – und die steht noch ziemlich am Anfang. Bei vielen Krankheiten wird sogar eine heilende Wirkung vermutet. Der Satz „Ich lach mich krank" erweist sich zunehmend als lächerlich. Wahrscheinlich muss es künftig heißen: „Ich lach mich gesund!" Aber das ist leichter gesagt als gelacht. Das Problem scheint mir zu sein, dass nicht jeder über alles lachen kann. Ein befreiendes Lachen gibt's nun mal nicht in der Apotheke. Dafür kann man in einer Münchner Schule auf Yoga-Basis Lachen lernen. Sie können es auch mit Witzen versuchen. Kennen Sie den? Ein Ehepaar, beide sechzig. Eines Tages trifft der Mann im Park eine gute Fee, die ihm einen Wunsch erfüllen will. „Ach", sagt der Mann, „liebe gute Fee, wenn's dir nichts ausmacht, möchte ich gern eine Frau haben, die dreißig Jahre jünger ist als ich." Der Mann geht nach Hause zu seiner Frau und: Er ist plötzlich neunzig Jahre alt. Witzig? Die einen sagen so, die anderen lachen so. Ich freu mich eher über Witze, die das Leben schreibt. Ein jüngeres Ehepaar – meine Bekannte und ihr Mann – haben zwei Töchter. Er war nie zufrieden mit den Partnern der Töchter. Die Anwärter waren ihm immer viel zu jung und unreif. Er konnte ziemlich gemein werden und nannte sie schon mal „Fruchtzwerge“ oder schlimmer. Das fand ich oft sehr ungerecht. Nun hat aber eine witzige Fee zugeschlagen und ihn mit einem Schwiegersohn gesegnet, der wesentlich älter als er selbst ist. Das ist eine Ironie des Schicksals, über die ich herzlich lachen kann. Gut, ein bisschen Schadenfreude ist auch dabei – aber nur im Namen der Gerechtigkeit. Die Gerontologie hat herausgefunden: Kinder lachen rund 400 Mal am Tag, Erwachsene kommen nur auf fünfzehn Mal. Ich denke, ein paar Lacher mehr könnten nicht schaden. Wär doch gelacht.

Wir leben in einer Zeit, in der selbst ewige Plattheiten an Bedeutung verlieren. Der Spruch „Andere Länder, andere Sitten“ ist auch nicht mehr das, was er mal war. Wer seinen Hamburger schon in Honkong oder Moskau aß, weiß, was ich meine. Die Sitten aller Länder vereinigen sich zunehmend. Aber Gott sei Dank gibt es immer noch genug Unterschiede. Ich finde zum Beispiel, dass man durchaus sagen kann: Andere Länder, andere Figuren; was wiederum die Vermutung nahe legt: „Andere Länder, andere Diäten.“ Aus dieser Überlegung heraus entstand eines Tages bei mir der dringende Wunsch, jemand anderes zu sein…

Wie ich Französin werde wollte

Vor längerer Zeit kaufte ich mir das Buch „Warum französische Frauen nicht dick werden". Es war eine Offenbarung. Dass französische Frauen nicht dick werden, weiß jeder, der einmal in ein bestimmtes französisches Warenhaus gegangen ist, um sich was zum Anziehen zu kaufen. Dort ist einem fast alles zu eng und zu klein. Dass Französinnen grundsätzlich schlank sind, ist wissenschaftlich bewiesen. Sie sind im Vergleich des Body Mass Index tatsächlich die zierlichsten Frauen Europas. Die gewichtige Frage, wie sie wurden, was sie sind, hat mich außerordentlich beschäftigt, und die damals 58-jährige Mireille Guiliano gab sachkundige Antworten. Sie ist schließlich noch genauso schlank wie mit zwanzig, und ihre Jugendkleider passen immer noch. Ich habe keine Kleider mehr aus der Zeit, als ich zwanzig war. So möchte ich nach Möglichkeit auch nie wieder rumlaufen. Wenn ich sie aber noch hätte, dann würden sie ja vielleicht auch … ich denke aber nicht. Also, wie machen das laut Madame Guiliano die Frauen in Frankreich? Mit gutem Essen! Das hat mir gefallen. Sie nehmen drei Mal am Tag mindestens drei Gänge zu sich. Ich habe es auch probiert und musste feststellen, dass man vom Essen allein nicht dünn wird. In Frankreich wird zwar viel gegessen, aber irgendwie anders. Und das ist die Kunst, die ich damals nicht beherrschte. Ein anderes französisches Schlankmacher-Geheimnis sei, niemals mit den Fingern zu essen sowie stets Messer und Gabel zu benutzen. Ich habe natürlich sofort wie eine Französin möglichst viel mit Messer und Gabel gegessen. Eine Zwiebelsuppe isst sich übrigens etwas mühsam mit dem Besteck, wobei dies sicher gewollt ist. Eine Tafel Schokolade lässt sich besser schneiden und gabeln, wenn man sie etwas erwärmt.

Ich glaube eigentlich nicht, dass ein Schweinsbraten durch Messer und Gabel zum Schlankmacher wird. Das Entscheidende aber sei, dass Französinnen angeblich keine Schuldgefühle hätten. Das habe ich sofort nachgemacht. Kein Gramm schlechtes Gewissen. Das Ergebnis waren drei Kilo mehr. Vorige Woche habe ich die Wahrheit gelesen: Die Französinnen sind zwar wirklich schlank, aber nur, weil sie sich in einem kollektiven Wahn für furchtbar dick halten. Die Gesundheitsministerin jedenfalls hat jetzt „Anstiftung zur Magersucht" unter Strafe gestellt. Ich möchte nun doch nicht mehr Französin sein. Ich versuche es erst noch mal im Guten mit mir.

Im Jahre 1951 tagte in der DDR eine Gesellschaft für Deutsch-Sowjetische Freundschaft unter dem Motto: „Von der Sowjetunion lernen, heißt siegen lernen". Diese mit Hammer und Sichel geschmiedete Worthülse wurde in dem Maße, in dem die UdSSR nicht mehr siegte, sondern verlor (u.a. an Ansehen), aus dem öffentlichen Sprachverkehr gezogen. Man ersetzte die plakative Siegesgewissheit vorsichtshalber durch eine eher polytechnische Lösung: „Das Verhältnis zur Sowjetunion ist ein Prüfstein für jeden aufrechten Kommunisten." Das stimmte immer. Als dann Gorbatschow in Moskau regierte, machten sich kritische Geister wiederum die alte Losung vom „Siegen lernen" zu eigen. So etwas könnte man gelebte „Ironie der Geschichte" nennen. Heute benutzen wir diese Redewendung und ihre Abwandlungen ausschließlich für Dinge, die man besser nicht lernen sollte:

Von Island lernen, heißt sparen lernen

Wieso jetzt ausgerechnet von Island? Bis vor kurzem wusste ich nur wenig über diese kalte Insel mit ihren warmherzigen Menschen. Mallorca lag uns immer etwas näher als die zugigen Felsen im Nordatlantik. Dann aber hat die Finanzkrise besonders in Island gewütet. Das Geld vieler Anleger wurde in einem unaussprechlichen Vulkan verbrannt und die Asche über Europa verstreut. So weit, so schlecht. Deutschland steht am Rande des Abgrundes, Island ist schon einen Schritt voraus. Aber wie es aussieht, haben die Isländer jetzt den Stein der (Wirtschafts-)Weisen gefunden, indem sie einfach ihren beliebtesten Komiker zum Bürgermeister der Hauptstadt Reykjavik wählten. Zuvor hatte er die „Beste Partei" gegründet und war damit zu den Kommunalwahlen angetreten. Die Etablierten lachten sich kaputt, jetzt schimpfen sie auf die Clowns im Rathaus, auf Jón Gnarr und seine Promi-Truppe. Ihr Wahlprogramm bestand im Wesentlichen aus Blödsinn. Die Machtübernahme der Entertainer ist für mich als Show-Gastgeberin natürlich hochinteressant. Dass meine Branche mal das Abendland retten könnte, wäre mir nie in den Sinn gekommen. Island scheint ein Versuchslabor zu sein. Wenn's schief geht, trifft's halt nur relativ wenige, denn es gibt auf der Welt mehr Bielefelder als Isländer. Wenn's funktioniert, könnten wir mit Leuten aus der Unterhaltung vielleicht noch was retten. Das Wort „Unterhalt" steckt ja schon drin. Im Showgeschäft kann man manchmal aus nichts was machen. Casting-Shows stampfen reihenweise Stars aus dem Boden, die dann hohe Steuern zahlen. Wenn die Entertainer-Partei in Deutschland regieren würde, wäre derzeit wahrscheinlich Stefan Raab unser Kanzler. Schließlich hat mal jemand gesagt, er habe mit der Song-Contest-Schnellentdeckung „Lena" eine nationale Aufgabe gelöst. Günter Jauch wäre ein unumstrittener Bundespräsident. Auf der Kabinettsliste stünden möglicherweise: Soziales: Thomas Gottschalk, der die ARD zum Rententräger macht, Bildung: der quizgebildete Jörg Pilawa, Familie: Mutter Beimer, Wirtschaft: Dieter Bohlen, der Spezi für unangenehme Wahrheiten, sowie Cindy aus Marzahn als Beauftrage für die Neuen Länder. Mario Barth wäre Pressesprecher. Wenn der seine Spaß-Koalition als „Gurkentruppe" bezeichnet, fänden das alle supi. Die Wahlen selbst wären quasi im Sonderangebot: Wir rechnen einfach die Einschaltquoten hoch. Vorher schauen wir aber erst mal, wie die Sache in Island ausgeht.

„Lesen bildet", heißt es. Aber schon Marx hat gesagt: „Fernsehen bildet." Diese Feststellung ist natürlich nicht von Karl, sondern von einem anderen Marx, Groucho (1890–1977), einem legendären Komiker, den man einst den komischsten Mann von Hollywood nannte. Falls Sie sein „Fernsehen bildet" nicht komisch genug finden, hier der Rest des Satzes: „Immer, wenn der Fernseher an ist, gehe ich in ein anderes Zimmer und lese." Also doch: Lesen bildet. Ich würde sogar noch weiter gehen und sagen:

Lesen hilft leben

Als ich vorige Woche im Büro Zeitung las, kam ein Praktikant vorbei und fragte launig: „Was gibt's Neues, Frau Nebel?" Ich sagte ihm, dass wir den Todestag von Mark Twain begingen. Er war sichtlich betroffen und sagte milde: „Sie meinen sicher Mark Terenzi, wenn ich das meiner Freundin erzähle ..." Ich machte ihn darauf aufmerksam, dass ich sehr wohl Mark Twain meinte, den Schriftsteller, der vor 100 Jahren gestorben sei und keineswegs Popstar Terenzi, der meines Wissens quicklebendig ist. Vielleicht sogar ein bisschen zu sehr, sonst wäre er möglicherweise immer noch mit Sarah Connor zusammen. Wie auch immer, Mark Twain war für unseren Praktikanten kein Begriff. Für mich aber gehörten Tom Sawyer und Huckleberry Finn zu den besten Freunden meiner Kindheit. Vielleicht hab ich mich ja auch deshalb so intensiv in diese Geschichten hineingeträumt, weil damals der Mississippi vom Ufer der Mulde aus unerreichbar schien. Aber deshalb muss ja nicht gleich jeder junge Mensch von heute Mark Twain kennen. Was mich allerdings wirklich beunruhigt, ist die Tatsache, dass jeder vierte Deutsche überhaupt keine Bücher liest, weder Vampir-Meyer noch Leo Tolstoi. Dabei muss es ja nicht unbedingt ein Klassiker sein. Mark Twain würde sich sowieso dagegen verwahren, „Klassiker" genannt zu werden, schließlich hat er selbst mal geschrieben: „Ein Klassiker ist etwas, das jeder gelesen haben möchte, aber niemand lesen will." Gott sei Dank gibt's ja immer wieder regelrechte Lesewellen wie bei Harry Potter & Co. Trotzdem hat fast die Hälfte aller 14- bis 19-Jährigen in unserem Lande noch nie ein Buch geschenkt bekommen. Das allerdings macht mich richtig traurig. Meine Oma hat mir regelmäßig Bücher geschenkt, und ich bin ihr bis heute dankbar dafür. Allein schon den Geruch der druckfrischen Seiten werde ich wohl niemals vergessen. Das war ein wirklicher Duft der großen weiten Welt. Ich glaube, Bilder sollten auch im Kopf entstehen und nicht nur auf dem Computer oder im Fernsehen. Ich hoffe nicht, dass jetzt Menschen heranwachsen, die sich nichts mehr vorstellen können, was sie nicht sehen. Ich glaube, lesen hilft leben. Und wahrscheinlich auch lieben. „Was wären die Menschen ohne die Frauen? Rar. Sehr rar." Sagt Mark Twain. In diesem Sinne würde ich fortsetzen: Was wären die Menschen ohne Bücher; egal ob digital oder Papier? Arm, sehr arm.

Der Schweizer Arzt Paracelsus (1493–1541) hielt nicht viel von der Schulmedizin seiner Zeit. Er setzte mehr auf Experimente und Naturbeobachtung. Sprichwörtlich wurde seine Erkenntnis: „Allein die Dosis macht das Gift." Weniger bekannt ist Paracelsus' moderne Öko-These: „Alle Dinge sind Gift, und nichts ist ohne Gift." Könnte er meine Natur beobachten, würde er sich sehr bestätigt fühlen, denn:

Es gibt Sachen, da werde ich ausgesprochen giftig!

König Heinrich, der VIII. von England, der mit den vielen Frauen, hat 1532 ein Gesetz gegen die Giftmischerei erlassen. Demnach sollte ein überführter Giftmischer bei lebendigem Leibe gekocht werden. Diese unschöne Art der Bestrafung ist auch nachweislich an einem gewissen Mr. Roose vollstreckt worden. Der Mann hatte versucht, den Bischof von Rochester zu vergiften. Dafür wurde er gekocht und praktischerweise gleich im Kochtopf begraben. Vielleicht kommt ja daher auch die Redewendung vom „ausgekochten Gauner". Das klingt grausam, aber Giftmischen ist ja auch nicht schön. Obwohl ich gegen einen mittelalterlichen Bischof nur ein kleines Licht bin, hat man bereits mehrfach versucht, auch mich zu vergiften. Vor fünf Jahren beispielsweise brachte ein bayerischer Fleischhändler Geflügelabfälle als leckeres Hühnerfrikassee unter die Leute. Dafür ist er nicht gekocht worden, der Mann hat vier Jahre und drei Monate bekommen. Die Abschreckung war allerdings nicht allzu groß, denn bald darauf folgte der nächste Anschlag auf mein Leben. An der Käsetheke lauerte italienischer Mozzarella, der mit Würmern und Mäusekot verfeinert war. Zur selben Zeit wurde vergammeltes Eigelb in die Nudeln gerührt. Dann wollte man mir Kunstkäse und Klebefleisch auf den Teller schummeln. Nun also der jüngste Dioxin-Skandal. Ich soll mit vergifteten Eiern fertig gemacht werden. Bei solchen Sachen kann ich wirklich giftig werden. Ich finde diese Verschwörung von geldgierigen, fahrlässigen, hinterlistigen Lebensmittel-Verbrechern gelinde gesagt zum Speien. Das deutsche Recht sieht vor, dass *mit Gefängnis bestraft wird, wer Lebens- oder Futtermittel mit gesundheitsschädlichen oder verbotenen Zusätzen versieht.* Das scheint moderne Giftmischer nicht sonderlich zu beeindrucken. Der Verbraucherschutzminister von Thüringen hat das auch so gesehen und härtere Strafen gefordert. Dem würde ich mich anschließen. Es muss ja nicht gleich das mittelalterliche Totkochen sein, aber ich finde, so geht es nicht weiter. Vielleicht sollten Täter gezwungen werden, ihren Mist selbst zu essen. Es kann doch nicht sein, dass unsereiner den Kalten Krieg unbeschadet überlebt hat und nun an der Kalten Küche zu Grunde geht. Lebensmittel müssen in jeder Hinsicht Wert geschätzt werden. Wir dürfen sie nicht vergeuden, vergiften, verschleudern, verramschen und vernichten.

Im Alten Testament sagt der sterbende David zu seinem Sohn Salomo: „Sei ein Mann!“ Womit er wohl gemeint hat, der Junge solle doch so mutig, entschlossen und hart sein wie ein Mann. Das mag bei biblischen Männern durchaus zutreffend gewesen sein. Heute wissen wir:

Männer sind so verletzlich ...

... hat Herbert Grönemeyer mal gesungen. Der Mann weiß, wovon er singt, und deshalb möchte ich mich vorsorglich entschuldigen. Ja, ich gebe es zu, ich habe den Weltmännertag vergessen. Das heißt, ich hab nicht einmal gewusst, dass es den überhaupt gibt. Aber ich denke, die meisten Männer werden jetzt trotzdem nicht verletzt sein, weil es ihnen ganz genauso geht: Sie hätten einfach so in diesen Tag hinein gelebt – ohne zu wissen, dass es sich um den Weltmännertag handelt. Vor zehn Jahren ist dieser Aktionstag ins Leben gerufen worden. Es geht dabei speziell um Fragen der männlichen Gesundheit. Der Anstoß kam aus Österreich. Der Schirmherr ist ein großer Mann der Geschichte: Michail Gorbatschow. Warum gerade er? Vielleicht, weil Russland einen traurigen Rekord hält: Die Lebenserwartung der Männer dort ist dreizehn Jahre niedriger als die der Frauen. Aber auch bei uns sterben Männer statistisch gesehen sieben Jahre vor den Frauen. Übrigens auch, weil sie sich allzu viel zu Herzen nehmen, insbesondere Fett und Alkohol. Es ist sicher kein Zufall, dass gerade in diesen Tagen der erste deutsche Männergesundheitsbericht des Familienministeriums erschienen ist. Ein Papier zum Fürchten. Selbst Zeitungen, die sich ansonsten lieber mit den Reichen und Schönen befassen, zeigen nun Dicke und Kranke. Darüber hinaus geht es in Deutschland auch darum, dass immer weniger Männer ein Studium abschließen. Eigentlich kein Wunder, denn wie sagt der Volksmund: „Voller Bauch studiert nicht gern. Und dicker Bauch schon gar nicht." Es wurde also höchste Zeit für einen Weltmännertag. Aber als würde der nicht reichen, kommt kurz darauf noch ein „Internationaler Männertag". Der will irgendwie das gleiche wie der andere Männertag, nur eben drei Wochen später. Wahrscheinlich brauchen Männer ganz besonders viele „Gedenktage", weil sie immer recht lange und langsam über alles nachdenken müssen. Und am Vatertag sind manche so blau, dass sie am nächsten Tag gar nichts mehr wissen. Wir Frauen haben halt nur Frauentag und Muttertag. Aber wir gönnen den Herren gern einen Tag mehr, denn: Männer sind so verletzlich. Darauf machte sich der von mir sehr geschätzte Mann, Herbert Grönemeyer, den schönen Reim: Männer sind auf dieser Welt einfach unersetzlich! In diesem Sinne: Nehmen wir am 3. November, dem Weltmännertag, einfach mal wieder einen Mann in den Arm.

Geborene Hauptstädter haben manchmal originelle Redewendungen. Sie sagen zum Beispiel nicht „cool bleiben", sondern

Reg dir mal nich' künstlich uff!

Den Urberliner Typ findet man heutzutage allerdings immer seltener, zumindest dort, wo er einst zu Hause war, z. B. im Prenzlberg (Bezirk Prenzlauer Berg). In dieser Gegend haben sich in den Neunzigerjahren die jungen, sogenannten Kreativen aus ganz (Südwest-)Deutschland angesiedelt. Nicht alle von ihnen sind kreativ geblieben, und keiner ist heute noch so jung wie damals; dafür sind die meisten von ihnen Eltern geworden. Das Stadtviertel gleicht einer riesigen, fröhlichen Kindertagesstätte. Nun aber drang aus den noblen Mietskasernen, aus Bioläden und trendigen Klein-Cabrios ein Aufschrei des Entsetzens. Die Besitzer eines Cafés hatten einen kleinen Nebenraum für Gäste ohne Kinder reserviert. Das

Echo war für meinen Geschmack ein bisschen kindisch: „Familienfeindlich!" (FDP) „Man muss das Verbot von Kindesausgrenzung diskutieren." (GRÜNE) „Geschmacklose Aktion" (SPD). „Kinder machen keinen Lärm, sie drücken Lebensfreude aus", meint der Kinderschutzbund, „das sollte Musik in den Ohren der Gesellschaft sein." Ohne Frage, aber wer kann pausenlos Musik ertragen. Als langjährige Mutter eines mittlerweile erwachsenen Sohnes weiß ich sehr wohl, welch ein großes Glück Kinder sind. Trotzdem würde ich mit den Worten meiner Wahlheimat sagen: Regt euch mal nich' künstlich uff! Haben nicht selbst der gütigste Vater und die geduldigste Mutter irgendwann – wenigstes für einen kurzen Augenblick – ein Recht auf Ruhe? Das Müttergenesungswerk bietet seit nunmehr sechzig Jahren u. a. Kuren ohne Kinder an, ohne dass bis jetzt ein Aufschrei des Entsetzens durch die Nation gegangen ist. Möglicherweise ist eine kinderfreie Zone nicht die beste Lösung, vielleicht würde es ja schon reichen, wenn Eltern ihre Kinder zu Rücksichtname und Respekt anhalten. Ich glaube nicht, dass kleine Seelen Schaden nehmen, wenn man gewisse Grenzen setzt. Ganz im Gegenteil. Ich kenne ein anderes Restaurant, in dem mit einem kleinen Schild dezent auf eine Spielregel aufmerksam gemacht wurde: Gespielt wird bitte im Vorgarten und nicht auf dem Fußboden. Zuvor waren Gäste und Kellner mehrfach über Bio-Bauklötzer und Holzautos gestolpert. Da wird auch das ökologisch unbedenklichste Spielzeug zur öffentlichen Gefahr.

Abzählreime kennen viele von uns aus der Kinderzeit. Es gab die derb-volkstümliche Art à la „ene mene mopel...!" oder auch gemäßigte Varianten wie „ene mene miste, es rappelt in der Kiste" bzw.:

Ene mene muh, und raus bist du!

Auch heutzutage benutzen Kinder solche Sprüchlein, um spielerisch eine gewisse Auswahl zu treffen. Am Ende sind dann viele draußen und die Auserwählten drin. Manche spielen derartige Auslese-Spiele sogar noch, wenn sie schon groß sind. Auf jeden Fall erlebe ich immer wieder, dass Prominente in Interviews folgende Formulierungen verwenden: „Ich möchte den *Menschen draußen* sagen...", „Die *Leute da draußen* sollten wissen, dass..." usw. Es waren die Politiker, die schon vor Jahren damit angefangen haben („... die Menschen draußen in diesem, unseren Lande"). Mittlerweile habe ich den Eindruck, dass auch Ex-Sportler, Filmstars, Dichter, Denker und viele andere von den „Draußen-Menschen" sprechen. Da fragt man sich natürlich: Was mag die da drinnen von denen da draußen wohl unterscheiden? Nun, in vielen Fällen sind die, die drinnen sind, etwas besser Verdienende als viele da draußen, wobei nicht alle das auch verdient haben. Aber ich will mal die Kirche im Dorf lassen – also quasi draußen auf dem Lande. Anderseits muss man zugeben, wer in einem Fernsehstudio sitzt, befindet sich ja tatsächlich irgendwo drinnen und nicht irgendwo draußen. Andererseits klingt „die Leute da draußen" für mich so ein bisschen, als wäre da draußen eine feindliche Wildnis, wo die geistig Obdachlosen leben. Worte haben doch immer auch einen unausgesprochenen Hintergrund. Sprache ist verräterisch, weil sie manchmal mehr verrät als gesagt wird. Wer von den „Menschen da draußen" spricht, hält sich möglicherweise für was Besseres, weil er halt drinnen ist. Draußen stehen oft die Verlierer, und zwar meistens im Regen. Draußen findet man die Außenseiter; diejenigen, die nicht dazugehören. Drinnen sind die inneren Zirkel, da sitzen warm und trocken die Eingeweihten mit den „Innensichten". Kurz, drinnen ist Elite, draußen der Rest. Ich will keinem unterstellen, dass er einen solch gemeinen Subtext bewusst rüber bringen will, aber für mich hat's trotzdem ein Geschmäckle. Dabei gibt es doch immer eine Alternative. Ich glaube, man kann vieles auch ganz anders sagen, ohne sich einen Knoten ins Gehirn zu machen. Sogar bei der Auslese durch Kinderreime gibt es eine positive Variante ohne Rauswurf: „Eine kleine Mickymaus zog sich mal die Hosen aus, zog sie wieder an, und du bist dran!"

Manchmal wissen wir wirklich nicht, was wir reden. Das heißt, meistens wissen wir, was wir sagen wollen – aber was wir im ursprünglichen Sinne von uns geben, das liegt im Dunkeln bzw. im Genuschel der Geschichte. Über eine doch eigentlich sehr gebräuchliche Formulierung steht im Lexikon der sprichwörtlichen Redensarten des Verlages Herder: „Es gibt nicht viele Redensarten, die so rätselhaft sind und deren Bedeutungsgeschichte so vielgestaltig und widerspruchsvoll ist wie die: jemanden ins Bockshorn jagen – in die Enge treiben, ihn zaghaft machen, ihn einschüchtern." Luther, Lessing, Goethe haben die Bockshorn-Wendung verwendet, ohne genau zu wissen, wo sie herkommt. Geht es im Wortsinn um das Horn eines Bockes, in das man jemanden hinein scheucht, um ihn klein zu kriegen? Stammt das Wort eher aus der schwarzen Pädagogik – also das Böckchen austreiben? Oder haben wir es mit einer Anekdote zu tun, nach der ein Gelehrter namens Boxhorn überhebliche Schüler in die Enge getrieben haben soll? Andere Deutungen suchen die Quelle in fremden Sprachen oder alten Bräuchen wie Fluchen (Box Blitz!) oder Foltern (auf dem sogenannten Bock). Insgesamt erwähnt das Lexikon neun mögliche Erklärungen. Auch ich bin einmal auf eine sehr rätselhafte Redensart gestoßen. Sie lautet:

Geben Sie sechzehn!

Ein paar Jahre ist es her, da jährte sich Heinz Erhardts Geburtstag zum hundertsten Mal. (*Das Leben kommt auf alle Fälle aus einer Zelle. Und manchmal endet's auch – bei Strolchen – in einer solchen.*) Deutschland hat diesen Geburtstag gefeiert. Und wie! Eine große Boulevardzeitung druckte seine Sprüche, im Fernsehen gab's eine große Show, die über fünf Millionen, auch junge Zuschauer gesehen haben. Manche Zeitgeist-Experten (*Manche Menschen wollen immer glänzen, obwohl sie keinen blassen Schimmer haben.*) waren ob des großen Erfolges überrascht. Schließlich ist Heinz Erhardt quasi von vorgestern. Er war ja kein Comedian, sondern ein einfacher Komiker und Humorist. Vielleicht gerade deshalb. Vielleicht ist er gerade deshalb jetzt wieder so erfolgreich. Mal abgesehen davon, dass „Comedian" auf Deutsch eigentlich nichts anderes heißt als Humorist und Komiker, unterscheidet sich sein Humor mitunter sehr vom heutigen Comedy-Stil. Natürlich hat der Alte auch geblödelt (*Als ich geboren wurde, war ich noch sehr jung.*), aber in seinem Quatsch war oftmals als „Bonus" noch ein Denkanstoß, ein bisschen Inhalt versteckt. (*Gott hat die Welt aus nichts gemacht, so steht es im Brevier. Nur kommt mir manchmal der Verdacht, er macht sich nichts aus ihr.*) Manch neuzeitlicher Comedian begnügt sich hingegen mit dem Aufsagen von schlimmen Sachen. Das bloße Brechen

von Tabus kann ja durchaus lustig sein, nutzt sich aber ab. In der DDR reichte es, eines der vielen Tabuwörter nur zu nennen und alles hat gelacht. Ganz ohne Pointe. Heute muss man schon mit Hitlers Geburtstag provozieren oder über das Elend anderer Leute höhnen. Muss man? Heinz Erhardt musste nicht, dafür musste das Publikum *sechzehn geben.* Also *doppelt Acht geben*, um es mit Erhardt zu sagen, um sich an der „zweiten Ebene" zu erfreuen. (*Viele betreten die Bretter, die die Welt bedeuten, und merken gar nicht, dass sie auf dem Holzweg sind.*) Es gab Zeiten, da wurden die Erhardt'schen Wortspiele als moralinsauer oder altbacken abgetan. Im Moment wirkt Erhardt mal wieder ganz erfrischend. Motto: Lieber Doppelsinn als gar keinen. Nicht, dass ich Ihnen vorschreiben möchte, worüber Sie zu lachen haben, ich denke: lachen und lachen lassen. Aber nicht ohne Grund ist Heinz Erhardt in der ZDF-Sendung „Unsere Besten – Komiker & Co." nach Loriot zum beliebtesten deutschen Spaßmacher aller Zeiten gewählt worden.
(Kursiv: Originalton Heinz Erhardt)

Ein wichtiges Werkzeug für eine Fernsehmoderatorin ist das Mundwerk. Andere haben Handwerk, ich ein Mundwerk. Da der Mund für alle Menschen zum Reden unerlässlich ist, gibt es natürlich auch eine Menge Redensarten über dieses Sprechorgan. Man kann einem nach dem Munde reden oder ihm über denselben fahren. Wir können uns den Mund fusselig reden oder in aller Munde sein. Wenn jemand kein Blatt vor den Mund nimmt, dann sagt er ungeschminkt die Wahrheit. Und das hat in der Tat auch etwas mit Schminke und Schauspiel zu tun. Bevor im Theater die Masken erfunden wurden, hielten sich die Schauspieler ein Feigenblatt vors

Gesicht. So konnten sie sich hinter einer Rolle verstecken, wenn sie „schlimme" Sachen sagten. Oft geht der Ursprung einer Redensart im Laufe der Zeit verloren, dafür kommt eine andere Bedeutung hinzu. Wenn zum Beispiel jemand genau das sagt, was ein anderer gerade sagen wollte, dann hat ersterer ihm das Wort aus dem Munde genommen. Ich habe diese Wendung mal etwas anders benutzt – und zwar im Sinne eines verbalen Diebstahls:

Ich lass mir das Wort nicht aus dem Munde nehmen!

Die Europäische Union möchte mir das eine oder andere Wort aus dem Mund nehmen und was anderes hineinstopfen. Der Europarat will den Kampf gegen die Diskriminierung der Frau verschärfen, was ich sehr unterstütze. Er glaubt aber, dies durch die zentrale Empfehlung einer nicht sexistischen Sprache für alle Mitgliedsländer tun zu müssen. Begriffe, die eindeutig männlich oder weiblich sind, sollten durch geschlechterneutrale Ersatzwörter ersetzt werden. Das finde ich nun wiederum in gewisser Weise diskriminierend. Wenn ich bei meiner nächsten Show darauf bestehe, Sie ganz euro-unsexistisch zu begrüßen: „Guten Abend, liebe Zuschauende!" statt „meine Damen und Herren", würde man mich vermutlich als „bekloppt" diskriminieren und auf die Straße setzen. Vorreiter auf dem Gebiet der sprachlichen Totalgleichberechtigung ist die Schweiz; das heißt, korrekt muss es jetzt wohl heißen „das Schweiz". Dort gibt es bereits einen staatlichen Leitfaden für eine geschlechtergerechte Sprache. Darin wird nahegelegt, nicht mehr Mutter oder Vater zu verwenden, sondern stattdessen „Elternteile" zu sagen. Auch das recht unschön klingende Wort „Elter" ist im Gespräch. Es soll keine „Anfängerkurse" mehr geben, sondern nur noch „Grundkurse". Der „Führerschein" sollte sich in einen Fahrausweis verwandeln, was bei uns allerdings schon „Fahrschein" bedeutet. Wohin es führt, wenn aus Gründen der Weltverbesserung die Sprache mit missionarischem Eifer von den Behörden umgestylt wird, habe ich in meiner Schulzeit erlebt. Die konstruierten Wortungetüme der DDR, über die wir heute lachen können, sind genau auf diese Weise entstanden. Ein Schallplattenunterhalter war nicht etwa eine Halterung für Schallplatten, sondern ein Diskjockey. Eine Komplex-Annahmestelle war keine psychologische Beratung, sondern eine Annahmestelle für Reparaturen. Russen waren Sowjetmenschen und Neonröhren Leuchtstoffröhren. Viele dieser sperrigen Wörter sind eigentlich unsprechbar. Und wenn man versucht, sie zu denken, liegen sie quer im Kopf. Sprache entwickelt sich beim Sprechen und nicht per Dekret. Deshalb bin ich sehr froh, dass Ministerin Schröder gesagt hat: „Sollen wir jetzt den Mutterschutz Schutz des gebärenden Elternteils nennen? Das ist Quatsch, so was mache ich nicht mit." Ich auch nicht.

So mancher kluge Satz wird unserem Nationaldichter Goethe zugeschrieben. Vielleicht, weil er so viele geschrieben hat. Zu den nicht ganz eindeutigen Goethe-Zitaten gehört:

Nichts ist schwerer zu ertragen als eine Reihe von guten Tagen

Als Urheber dieser Feststellung wird, wie gesagt, Goethe vermutet. Selbst wenn das nicht wahr ist, der Satz könnte durchaus vom großen Dichter und Denker stammen. Schon allein deshalb, weil manch normalsterbliches Nicht-Genie diese Weisheit nicht wirklich versteht, jedenfalls nicht gleich. Ich selbst habe schon öfter mal gedacht: „Ach, wie schön wäre es gerade jetzt, eine Reihe von guten Tagen zu erleben, und zwar eine möglichst lange." So etwas denkt man natürlich nur, wenn man gerade eine Reihe von schlechten Tagen hinter sich hat. Alle paar Jahre wieder stehen Sachbücher zum Thema Glück in den Bestseller-Listen. Auch jetzt gerade ist wieder ein „Glücksseller" auf Platz eins. Handelt es sich um einen glücklichen Zufall, oder liegt das an der Wirtschaftskrise, deren soziales Unglück viele von uns fürchten oder schon erleben? Wissen wir das Glück vielleicht erst zu schätzen, wenn wir Erfahrungen mit dem Gegenteil gemacht haben. „In einem Schlaraffenland würden die Menschen zum Teil vor langer Weile sterben oder sich aufhängen", glaubte der Philosoph Schopenhauer. Möglicherweise sind ja gerade deshalb alle Bemühungen, das Schlaraffenland auf Erden zu erschaffen, elend gescheitert. Kürzlich hat man herausgefunden, dass die meisten Menschen überhaupt nicht permanent glücklich sein wollen, nur bedauerlicherweise ist die Jagd nach dem Glück ein Naturgesetz, das uns stetig weiter treibt. Moderne Philosophen haben die Frage gestellt: Was wäre, wenn es eine große Glücksmaschine gäbe? Würden Sie sich anschließen lassen? Die meisten sollen „nein" gesagt haben. Na ja. Genau genommen haben wir ja schon viele kleine Glücksmaschinen: Zum Beispiel Fernseher, DVD-Player, Computerspiele und schnelle Autos. Alle diese Dinge können durchaus Glücksgefühle auslösen. Die ganze Musikbranche lebt vom Glück, oder besser: von der Sehnsucht nach demselben. Fast jeder Schlager, jeder Popsong ist quasi ein Schrei nach Glück. Ohne das ewige Verlangen nach dem großen Glück würden wir vermutlich aussterben. Denn wenn wir mal ehrlich sind, setzen wir doch kein Kind in diese Welt, weil wir etwas für die Menschheit an sich tun wollen, sondern weil uns das glücklicher machen soll. Vielleicht gilt ja: Nichts ist schöner als eine Reihe von guten *und* schlechten Tagen; man könnte auch sagen: als das Leben.

Ein steinalter Witz geht so: Warum haben die Ostfriesen immer ein blaues Auge? Weil sie beim Teetrinken vergessen, den Löffel aus der Tasse zu nehmen. Ha. Ha. Ich hoffe, Sie lassen mich noch einmal mit einem blauen Auge davonkommen und klappen dieses Buch nicht gleich zu. Was die Redewendung mit dem blauen Auge, auch Veilchen genannt, betrifft, muss man sagen: Sie ist Unsinn und sachlich falsch. Das „blaue Auge" als Folge von Teelöffeln, Boxkämpfen und Unfällen gibt es streng genommen überhaupt nicht. Es gibt nur die Hämatome um das Auge herum. Das Auge selbst ist in diesen Fällen, Gott sei Dank, meist unbeschädigt, wobei es in anderer Weise blau sein kann.

Danke für die blauen Augen

Ahnenforschung ist angesagt. Wer in eine Internet-Suchmaschine den Begriff „Ahnenforschung" eingibt, bekommt über dreieinhalb Millionen Treffer. Vielleicht ist es ja so: In Zeiten, in denen der Mensch nicht genau weiß, wo es langgeht, interessiert er sich ganz besonders dafür, wo er herkommt. Ich habe ja schon mehrfach darauf verwiesen, dass meine Wurzeln in Sachsen liegen, genauer gesagt in Grimma, an den Ufern der Mulde. Vor kurzem habe ich nun einen weiteren Hinweis auf meine Herkunft bekommen. Einer meiner Vorfahren lebte am Ufer des Schwarzen Meeres. Etwa in der Ukraine oder in Rumänien. Dänische Wissenschaftler haben nach einer aufwändigen Gen-Analyse eindeutig festgestellt: Alle Menschen mit blauen Augen stammen von einem einzigen Urahn ab, der nordwestlich des Schwarzen Meeres zu Hause war. Ich habe blaue Augen. Mein blauäugiger Verwandter bzw. meine Verwandte lebte dort allerdings schon vor geraumer Zeit. Die Forschung mag sich nicht genau festlegen, es soll so ungefähr 6000 bis 10000 Jahre her sein. Bei IHM oder IHR sei es damals zu einem plötzlichen genetischen Defekt gekommen. Ja, Defekt, denn es war ein Schadensfall der Natur! Blaue Augen sind nämlich eine Mangelerscheinung, weil Leuten wie mir das Pigment Melanin fehlt. Bis zur Geburt des ersten „Blauauges" hatten alle Menschen braune Augen. Was war los, dass auf einmal jemand einfach so blaue Augen bekommen hat. Im fraglichen Zeitraum wurde z. B. der Ziegelstein erfunden. Letzteres ermöglichte 8000 v. Chr. den Bau der ersten bekannten Stadtmauer in Jerichow. Dass dies überhaupt nötig wurde, lässt auf viele blaue Augen schließen, allerdings nur im Sinne eines ganz anderen menschlichen Defektes. Grundsätzlich neige ich dazu, mich beim Ahnen mit urblauen Augen herzlich zu bedanken. Wo wäre die Showbranche so ganz ohne diese strahlende Augenfarbe? „Meerblaue Augen wie die Adria" war mal ein bekannter Schlager. Ohne die frühgeschichtliche Mutation hätte man singen müssen: „Meerbraune Augen". Ein braunes Meer ist keine Liebeserklärung, sondern ein Hinweis auf die Ölpest. Natürlich hätten Elton John sein „Blue Eyes" oder „Ideal" ihren Dauerhit „Deine blauen Augen" auch mit brauner Farbe hingekriegt, aber blau klingt doch irgendwie schöner, finde ich. Im Übrigen ist es mir nicht direkt unangenehm, mit berühmten Blauaugen wie Terence Hill, Angelina Jolie, Brad Pitt, Hans Albers und vielen anderen Publikumslieblingen quasi verwandt zu sein. Ich kenne überhaupt nur einen Fall, wo sich einige Fans über die blauen Augen ihres Idols beschwert haben: Harry-Potter-Fundamentalisten meckern an Potter-Darsteller Daniel Radcliffe herum. Der müsste laut Buch genau genommen grüne Augen haben.

Wenn wir sagen, jemand habe einen Vogel, dann meinen wir damit entweder, der Betreffende hat einen Vogel (z. B. einen Wellensittich), oder er hat keinen Vogel, dafür aber eine Meise, was zwar auch ein Vogel ist, im übertragenen Sinne jedoch etwas anderes bedeutet. Wer einen Vogel im Kopf hat, gilt als leicht gestört, närrisch, besessen oder auch als nicht ganz normal. Da sich die Maßstäbe für Normalität im Laufe der Menschheitsgeschichte ständig verschieben, muss es keine Schande sein, einen Vogel oder wahlweise einen Piep zu haben. So gesehen stehe ich dazu, dass ich öfter mal sagen muss:

Bei mir piept's wohl

Wenn früher jemand zu mir gesagt hat: „Bei dir piept's wohl", dann hab ich dem aber ganz schön was erzählt. Heute muss man eigentlich sagen: Stimmt, bei mir piept es überall. Die Pieptöne haben sich gnadenlos in unsere Gehörgänge gedrängelt. Von früh bis spät werden wir ununterbrochen angepiept. Es piepen mit besonderer Hartnäckigkeit der Wecker, der Geschirrspüler, der Kühlschrank, meine neue Espressomaschine, der Laptop und das Handy. Meine Armbanduhr und die Mikrowelle, der Herd und die Waschmaschine piepen ebenfalls. Fahrschein- und Getränkeautomaten haben mehr als einen Piep, und die Kasse im Supermarkt piept so penetrant, dass man sich fragt, wie die Kassiererin oder der Kassierer das überhaupt aushält. Ich denke, auch passiv piepen ist ganz sicher schädlich. Ich will mal gar nicht von den diversen piependen Computerspielchen reden. Am Flughafen piepen die Metallsucher der Security (immer bei mir), und der Bus piept, wenn die Türen zugehen. Beim Zahnarzt hat es neulich auch gepiept und beim Friseur natürlich auch. Mein Auto piept, wenn ich vergessen habe, mich anzuschnallen, und das Kraftfahrzeug eines guten Freundes piept sogar, wenn er den Rückwärtsgang einlegt. Nein, das ist dann durchaus keine Abstandsmessung, die würde selbstverständlich auch piepen, wenn er eine hätte, bei ihm piept es einfach nur so im Rückwärtsgang. Es handelt sich um ein amerikanisches Auto. Bei diesem Modell liegen die Gänge so unglücklich, dass man mal sehr schnell den Rückwärtsgang drin hat, wenn man eigentlich im ersten vorwärts fahren will. Damit der Fahrer weiß, was er geschaltet hat, piept es halt. In Amerika ist man sowieso ganz besonders piepfreudig. Dort werden ja zum Beispiel auch im Fernsehen böse Wörter durch Pieptöne ersetzt. Dabei hat der Siegeszug der Pieptöne rund um die Welt eigentlich doch eher sowjetische Ursprünge. Vor gut fünfzig Jahren haben die Russen ihren Sputnik ins All geschossen, und der machte bekanntlich durch ein „piep, piep, piep" auf sich aufmerksam. Später kamen die ersten Videospiele mit ihrem monotonen Gepiepse und schließlich der historische Piep des Anrufbeantworters. „Sprechen Sie nach dem Piepton!" Piep für Piep ist es immer mehr geworden. Es piept mittlerweile derart viel um mich herum, dass es mir genau genommen schon wieder schnurz piepe ist, denn vor lauter Piepen weiß ich überhaupt nicht mehr, was mir dieses oder jenes Gerät eigentlich sagen will. Ich kann es oftmals wirklich nicht deuten. Ist das Kaffeepulver alle oder das Wasser, oder fliegt mir das Ding gleich um die Ohren und sagt dann überhaupt keinen Piep mehr. Was piept denn jetzt schon wieder? Draußen vor dem Fenster... schau an, ein lebendiges Vögelchen. Ach, wie niedlich. Ich hatte fast schon vergessen, wie schön naturbelassenes Piepen ist.

Im ersten Buch Mose heißt es: „Ich will heute durch alle deine Herden gehen und aussondern alle gefleckten und bunten Schafe und alle schwarzen Schafe ..." Ja, es gibt sie wirklich überall, nicht nur in der Bibel, sondern auch in den Taxis der Hauptstadt:

Schwarze Schafe

Tschüss Taxi! Eigentlich heißt es ja „Hallo Taxi". Das mag in München oder Köln so sein. In Berlin kommt mir das so schnell nicht mehr über die Lippe. Klimaerwärmung hin oder her, das Klima in vielen Hauptstadt-Taxen scheint mir ungesund. Vielleicht habe ich ja auch nur Pech und gerate immer wieder an die schwarzen Schafe unter den Berliner Taxifahrern. Kürzlich traf ich eines der pechschwarzen. Ich nenne die Zielstraße. Er: „Wo is n dit?" Ich: „Ich sag's Ihnen an. Nächste links." Er fährt gerade aus. Ich: „Links wär's gewesen." Er: „Für Sie is et dit jetze ooch jewesen." Sprach's, trat auf die Bremse und bellte noch trocken: „Raus!" Seit Jahren wird über diese Art von herzloser Berliner Taxi-Schnauze geklagt. Bis heute hat sich kaum etwas geändert, die Sache ist irgendwie verfahren. Allen Besuchern meiner Stadt möchte ich sagen: Auch wenn es am Flughafen und am

Bahnhof nicht so aussieht: Die Taxifahrer sind nicht Berlin. Es handelt sich um eine Minderheit. Für den einigermaßen gefahrlosen Umgang mit ihnen empfehle ich grundsätzlich Folgendes: Behandele deinen Berliner Taxifahrer so, wie er dich behandeln sollte. Also freundlich. Bedenke: Du bist zu Gast in seinem Auto, also benimm dich entsprechend. Es heißt doch „Fahrgast" und nicht „Fahrchef"! Der Taxifahrer hat dich schließlich nicht eingeladen. Sei höflich und zuvorkommend; er hat es schwer genug mit dir. Wenn du ihn z. B. bittest, dass er dich in die Bleibtreustraße fährt, und er sagt: „Is'n Einzelschicksal, kann ick ooch nüscht machen", so antworte mit „Ja, Herr". Oder ein Klassiker. Wenn er sagt: „Wat'n für ne Joethestraße?", und du sagst: „Na die, die benannt ist nach dem Dichter Goethe." Und er sagt: „Ham wa dreie von die", entschuldige dich für deine Unbildung. Wenn er sagt: „Mann, det is doch ne Kurzstrecke, kann man doch loofen", dann bitte um Vergebung und laufe. Wenn du sagst: „In die Karl-Marx-Straße, bitte", und er antwortet: „Nee, junge Frau, in' Osten, fahr ick nich", dann sage auf gar keinen Fall, dass diese Karl-Marx-Straße im Westen liegt. Schließlich ist er hier zu Hause. Es ist sowieso besser, wenn du möglichst wenig redest und wartest, bis du angesprochen wirst. Trinkgeld wird erwartet, erwarte du keinen Dank. Es hat übrigens überhaupt keinen Sinn, einen Taxifahrer mit Migrationshintergrund zu suchen, die Integration in die „taxierende" Berliner Muffligkeit hat bestens funktioniert. Gott sei Dank wurde vom Senat jetzt eine neue Image-Kampagne gestartet: „Be Berlin/sei Berlin". Das gefällt mir besser als „Du bist Deutschland", weil „Du bist" schon so fertig klingt, „sei Berlin" aber noch eine Entwicklung, eine Besserung beinhaltet. Der Berlinslogan lautet: Sei Stadt, sei Wandel, sei Berlin. Ich möchte hinzufügen: Seid nicht so unmöglich, ihr

Berliner Taxifahrer! Und bei all den Lieben, Netten und Guten, die es natürlich auch an der Spree gibt, möchte ich mich ausdrücklich entschuldigen. Ihr seid nicht gemeint.

Das Wort „schenken" hat ganz unterschiedliche Bedeutungen. „Sich etwas schenken" kann heißen, ich tue mir was Gutes oder eben auch, ich lasse es bleiben. Joachim Ringelnatz (1883–1934) hat geschrieben: „Schenke mit Geist ohne List! Sei eingedenk, dass dein Geschenk du selber bist!" Recht hat er! Ein Geschenk ist immer auch eine Art Visitenkarte des Schenkers. Wahrscheinlich aber ist es genau das, was die Schenkerei für viele Menschen zum Problem macht. Schließlich möchte man nicht nur anderen eine Freude machen, sondern sich selbst dabei auch noch von der besten Seite zeigen. Das ist Stress pur. Anders gesagt:

Beim Schenken wird einem nichts geschenkt!

Ich kenne Menschen, die verfallen in Panik, wenn sie plötzlich entdecken, dass Bekannte, Verwandte oder Kollegen wieder mal Geburtstag haben. Das passiert zwar üblicherweise jedes Jahr aufs Neue, kommt aber für manche immer wieder überraschend. Dabei ist es unerheblich, ob die frohe Botschaft mit „Plingplong" aus dem Computer kommt („Erinnerung an ein Ereignis…"), oder ob man von besonders wohlmeinenden Kollegen gefragt wird: „Äh, weißt du eigentlich, dass der Chef heute Geburtstag hat…?" Der Schreck ist in jedem Falle groß. Betroffene sind oft entsetzt: „Mein, Gott, ich hab doch kein Geschenk!" Mir können solche Blitz-Geburtstage allerdings nichts anhaben. Ich gehöre zur Spezies der „Geschenke-Hamster". Das heißt, aus Angst davor, einmal ohne Geschenk dazustehen, lege ich mir einen ständigen Vorrat an. (Auch für Weihnachten und Ostern geeignet.) Voraussetzung sind entsprechende Lagerkapazitäten. Ich bräuchte ein Zirkuszelt. Unüberlegte Panikkäufe von Geburtstagsgeschenken sind im Übrigen auch gefährlich. Viel zu oft wird leichtfertig geschenkt, ohne an die Folgen zu denken. Kaum einer macht sich Gedanken, was man mit einem Geburtstagsgeschenk anrichten kann. Ein Freund von mir bekam zu seinem 55sten einen Hund. Man soll grundsätzlich keine Tiere verschenken, weil die dann möglicherweise zu leiden haben. In diesem Falle unter dem Namen. Er hatte den Rüden aus gegebenem Anlass „55" getauft. Weit schlimmer waren die Folgen für den Beschenkten selbst. Der Freiberufler verlor mehrere Jobs wegen akuter Hundehaarallergie der Auftraggeber. Einige wurden gebissen. Auch in der Zeitung findet man nicht immer die passenden Geschenktipps. Vorige Woche las ich von einem netten Geschenkset einer französischen Champagner-Firma: Die hatten zwölf Flaschen für fünfzigtausend Euro im Angebot. Das muss schon ein sehr runder Geburtstag sein. Wer dann auf der ausgelassenen Geburtstagsparty aus Versehen eine Flasche umkippt, kann wahrscheinlich sein Testament machen. Meine Freundin hat ihrem Sohn, Jahrgang 84, olle Zeitungen geschenkt. Also kein Altpapier, sondern zwei originale Zeitschriften aus der Woche, in der er geboren wurde. Einmal den „Stern" (Hamburg) und einmal die „Neue Berliner Illustrierte" (Ostberlin). Auf dem Titelblatt der ersten steht: „Das Spiel mit der Lust, wie Carmen Mode macht." Dazu sieht man eine Super-Sexy-Opern-Carmen mit Riesen-Dekolleté. Auf dem anderen Blatt lacht uns ein dicker DDR-Bauer an. Er steht zwischen lauter Kartoffelsäcken, und darüber kann man lesen: „Gute Arbeit im schönen Dorf." Meine Freundin konnte seinerzeit weder das eine noch das andere Magazin lesen, weil sie ja mit der Geburt sehr beschäftigt war. Das Kind bekommt die Zeitungen übrigens etwas später, meine Freundin und ich sind noch nicht ganz durch damit. Wir haben viel Spaß daran.

Zu meinem Beruf gehört es, ganz unterschiedlichen Menschen vor laufender Kamera Fragen zu stellen. Und manchmal sollte auch eine Gretchenfrage dabei sein. Eine Gretchenfrage zielt auf die wahre, evtl. verborgene Meinung. Es handelt sich um eine Gewissensfrage, deren Beantwortung durchaus unangenehm sein kann. Die Gretchenfrage hat ihren Namen von einer gewissen Margarete in Goethes „Faust". Dort baggert, um es heutig zu sagen, ein ehrgeiziger und dem Jugendwahn verfallener Akademiker einen vorerst unschuldigen Teenager an. Die entscheidende Frage von Gretchen an Faust lautet: „Nun sag, wie hast du's mit der Religion?" Dr. Faust textet das Mädel daraufhin derartig zu, dass der Jungfer Hören und Sehen vergeht. Er drückt sich mit dieser teuflischen Technik, ebenso wie mancher Politiker der Neuzeit, erfolgreich vor einer konkreten Antwort. Am Schluss seiner Ausführungen steht der berühmte Satz: „Gefühl ist alles; Name ist Schall und Rauch." Leider stimmt das nur teilweise. Namen sind leider nicht nur Schall und Rauch,

Namen sind (auch) Glückssache

Ich kenne Kollegen beim Fernsehen, die haben furchtbare Angstträume. Sie müssen ein Interview führen – beispielsweise mit Fräulein von Horneburg-Nusseck, Herrn Staroske-Kurz, Frau Möller-Schmidtberger, deren Gatten Möller oder, was noch schlimmer ist, mit all diesen Menschen zusammen. Es gibt sie ja wirklich, diese wunderbaren Loriot-Szenen, bei denen ein Reporter eifrig ansetzt: „Sie sind also Herr Frühmesser-Faust?" Und der Angesprochene antwortet trocken: „Nein." Worauf dem Moderator nur das legendäre: „Ah, ja. Nicht." bleibt. Ähnlich schlimm wie Verwechslungen sind Verdrehungen: Wenn der eifrige Fernsehjournalist jemanden triumphierend festnageln will: „Na, was sagen Sie nun, Herr Heiland-Sackschewski?!" und das Gegenüber gleich korrigiert: „*Ei*land-Sackschewski", dann ist die journalistische Wucht erstmal total verpufft. In vielen Unterhaltungsshows haben die Gäste kleine Namensschilder. Manchmal stehen auch Menschen mit riesigen Papptafeln hinter den Kameras, auf denen die Namen stehen. Namen sind speziell in den Medien oftmals eine böse Falle. Bei spontanen Umfragen im Publikum kann es zum Totalausfall kommen. „Sie heißen?" „Heiderose Knödel" (unsicheres „aaha" seitens der Moderation) „… und Sie heißen?" „Bratengeier, Ramona …" (hysterischer Lachanfall, Weinkrampf, Ende der Live-Sendung). Ich bin ja namentlich auch nicht gerade verwöhnt. Ein bekannter deutscher Sänger mit einem Künstlernamen, der „Hügel" bedeutet, fragte mich mal auf offener Bühne, ob ich denn mit meinem Künstlernamen zufrieden sei. Ich sagte ihm, dass ich von Geburt an Nebel hieße, worauf mich „Hügel" mitleidig ansah. Ich finde, ich hatte noch Glück. Bei uns gab's ja bis ins Mittelalter nur einen Namen pro Nase. Und dann begann das Durcheinander mit den Zunamen – z.B. nach dem Ort. Da wäre ich heute Carmen Grimma. Oder nach dem Namen des Vaters, da würde ich Carmen … heißen. Auch der Beruf war eine Möglichkeit. Carmen Showmeister klingt aber irgendwie eigenartig. Warum ich Nebel heiße, weiß ich nicht. Das liegt irgendwie im Nebel. In Italien hat man die Leute offenbar auch nach ihrem Lieblingsessen benannt: Dort gibt es den Namen „Spaghetti". Der könnte mir sogar gefallen, obwohl Carmen Paella besser klingt. Wer übrigens einen Indianer heiratet und heißen will wie er, kann sich auf einiges gefasst machen. Eine Frau aus Mühlhausen war längere Zeit namenlos, weil die Behörden geprüft haben, ob es den Namen ihres Mannes in Thüringen geben darf: „Walkinstik-man-alone". Das soll soviel bedeuten wie „Hermlin, das alleine läuft". Am Ende hat man den Namen dann auch von Amtswegen erlaubt – gewissermaßen im Namen des Gesetzes.

Bei einigen Redenwendungen ist im Laufe der Zeiten so einiges abhandengekommen, also gewissermaßen zerredet worden. Viele von uns kennen nur noch einen Teil der ursprünglichen Formulierung. Und das ist in einigen Fällen wohl auch gut so. Wenn ich gewusst hätte, dass der Spruch „Wo die Liebe hinfällt" eigentlich weitergeht „da bleibt sie liegen, und wär's ein Misthaufen!", hätte ich daraus vor einiger Zeit keinesfalls die Überschrift der folgenden Kolumne gemacht:

Wo die Liebe überall hinfällt

Ich kann mich ja täuschen, aber insbesondere bei Katastrophen und Naturereignissen habe ich den Eindruck, es gibt wirklich so etwas wie das Gesetz der Serie. Manchmal ist es eine Serie von Flugzeugabstürzen, im Moment frag ich mich, wo denn die Liebe überall hinfällt. Sie stolpert offensichtlich über immer mehr Altersunterschiede, um dann zum Beispiel Helmut Kohl und Maike Richter (Unterschied 35 Jahre) vor die Füße zu fallen. Johannes Heesters gehörte, Dieter Bohlen und Michael Douglas gehören mit ihren Jung-Frauen im Tochter-Enkel-Alter zu den Klassikern der generationsübergreifenden Liebe. Nun sind in den vergangenen Jahren viele neue Beziehungen dazugekommen. Der Ex-Bundespräsident Wulff, Ex-Kanzler Schröder, Ex-Minister Fischer, Ur-Comedian Otto und gerüchtehalber auch Väterchen Putin aus Moskau, um nur einige zu nennen. Die Partnerinnen dieser rüstigen Herrschaften sind 138 Jahre jünger. Also alle zusammen, versteht sich. Ex-Präsident Sarkozy und seine Carla mit ihren dreizehn Jahren Unterschied scheinen so gesehen fast gleichaltrig. Auffällig, finde ich, ist der relativ hohe Anteil an Politikern. Attraktiv ist möglicherweise neben der Liebe, die ja bekanntlich hinfällt, wo es ihr gerade einfällt, die Führungsposition des Älteren. Macht soll ja erotisch machen. Allerdings – es sind zumeist die Ex-Mächtigen, die der Macht der Liebe unterliegen. Ist es vielleicht gerade das, die schwindende Macht, die die „Ehemaligen" mit möglichst blutjunger Verstärkung aufhalten wollen? Die Verliebten werden so etwas sicher weit von sich weisen. Andererseits kenne ich keinen sozial schwachen Mann in den so genannten besten Jahren, der mit einem jungen Mädel glücklich ist. Vielleicht sind sie mir nur noch nicht begegnet. Goethe und Sokrates (letzterer war mit der jungen Xanthippe gestraft) waren jedenfalls auch nicht gerade „Normalbürger". Die Wissenschaft sieht das Phänomen entspannt. Man hält das fragliche Paarungsmuster für durchaus sinnvoll und bringt es auf die Gleichung: Jugendliche Frische plus Erfahrung plus materieller Absicherung ist optimal für den Nachwuchs. Psychologen sagen: Der Altersunterschied an sich ist kein Grund, an dem eine Beziehung scheitern muss, vorausgesetzt, es gelingt dem reiferen Partner, relativ fit und reizvoll zu bleiben. Ich hatte das Vergnügen, in früheren Jahren einige Shows mit Johannes Heesters zu machen. Mit 97 hat er noch ganz schön fit einen Kollegen unter den Tisch getrunken. Vielleicht ist das alles ja auch eine Folge des demographischen Wandels. Dann müsste man sich um eine vermeintliche deutsche demokratische Rentnerdiktatur der Alten keine Sorgen machen. Die jungen Frauen an der Seite älterer Männer könnten so eine soziale Zeitbombe vielleicht entschärfen. Wie auch immer – grundsätzlich gilt: Gegen die Liebe ist kein Kraut gewachsen – schon gar nicht dort, wo sie hinfällt.

Eine alte Volksweisheit besagt: „Koch allein und bleib dabei – viele Köche verderben den Brei!" Diese Erkenntnis findet immer wieder ihre Bestätigung. Im Fernsehen machen viel zu viele Köche mit ihren Kochsendungen das Programm zum faden Einheitsbrei. Aber auch in den Talkshow-Küchen gilt:

Zu viele Köche ...

... verderben sogar den Ökobrei. In der Sendung „Menschen bei Maischberger" stritten sich mehrere Herren und eine prominente Köchin um das Für und Wider von Bio-Nahrung. Sie taten das derart heftig und mitunter von geradezu fanatischem Eifer beseelt, dass die Moderatorin schon nach kurzer Zeit verwundert feststellen musste: „So streiten sich die Leute hier sonst nur über Religion." Und damit hat sie wohl sehr Recht. Bio ist im Moment zur absoluten Glaubensfrage geworden. Da gibt es auf der einen Seite die Ökoheiligen, die voller Inbrunst das Hohelied des ökologischen Landbaus singen – und andererseits die neuen Ketzer aus der Biologie und Gentechnik, die alles in Frage stellen und sagen: Alles nur Verdummung der Massen, sozusagen biologisches Opium fürs Volk. Ökologische Landwirtschaft vollziehe sich auf Kosten der dritten Welt, und die Bioprodukte seien überhaupt nicht gesünder als konventionelle Nahrungsmittel. Dabei hauen sich die Beteiligten gegenseitig diverse Studien und Forschungsergebnisse um die Ohren, dass unsereinem nachhaltig Hören und Sehen vergeht. In dem allgemeinen Durcheinander bleibt mir gar nichts weiter übrig als zu glauben oder eben ungläubig zu staunen. Weil wir gerade beim Glauben sind, ich glaube, auch der Papst hat kürzlich was zum Thema gesagt: Wir sollten unseren Körper und seine gesunde Schönheit nicht anbeten. Derweil verehren immer mehr die neuen Öko-Ikonen; reich, schön und ökologisch muss man sein. Wie z. B. Solar-Aktivist Pitt, Elektro-Autofahrer Clooney oder Biowoll-Schneiderin McCartney. Öko ist bei den Reichen angekommen. Wenn wir nicht aufpassen, bleibt es auch dort. Die letzten Monate brachten enorme Preiserhöhungen schon bei „normalen" Lebensmitteln. Gesunde Ernährung wird nun auch zur sozialen Frage? In dem allgemeinen Wirrwarr meldet sich vor ein paar Jahren auch noch der damalige Berliner Finanzsenator und betätigte sich nebenberuflich als Ernährungsberater für Hartz IV-Empfänger. Er kreierte ein sozial schwaches Tagesmenü für 4,25 €, den Verpflegungssatz der Betroffenen. Höhepunkt seines verrückten Promidinners ist das Dinner: Bratwurst im Brei-Bett an Sauerkraut für 0,95 €. Ob da noch 'n Klacks Biosenf drin ist, weiß ich nicht. Ich selbst bin nie ein Körner-Freak gewesen, aber wer sich auf einem Bildschirm bewegt, sollte seine Ernährung im Griff haben. Ich praktiziere kontrollierten Genuss und kann mir das auch leisten. Aber ich denke, wenn wir sagen: „Man ist, was man isst", gilt auch: „Man isst, was man sich kaufen kann." Für mich hat diese ganze Debatte auch einen sehr positiven Aspekt: Sie zeigt, dass unsere Gesellschaft gesund genug ist, um wichtige Fragen nicht unter den Tisch zu kehren, sondern offen und auch leidenschaftlich zu diskutieren. Dies war schon immer ein erster Schritt zum Besseren.

Die schwedische Schlagerlegende Siw Malmquist sang in den 1960ern: „Ein neues Spiel, ein neues Glück. Was gestern war, liegt so weit zurück. Ich musste geh'n, das war nicht schön. Doch eines Tages, da wirst du versteh'n …"

Ein neues Spiel, ein neues Glück!

Die Deutsche Post hat eine Briefmarke „Mensch, ärgere Dich nicht" herausgegeben, natürlich nicht, weil man sich über die Post ärgern müsste; die Post ist schließlich nicht die Bahn. Nein, der Anlass ist ein freudiges, um nicht zu sagen, schadenfreudiges Ereignis: Das weltweit erfolgreichste Brettspiel aller Zeiten ist 100 Jahre alt geworden. Das sagt jedenfalls die Post, und einige Journalisten meinen das auch. Andere sagen wieder was anderes. Als Startjahre für „Mensch, ärgere Dich nicht" sind – je nach Sichtweise – 1905, 1908, 1910 und 1914 im Umlauf. Nur die „Erfinder-Firma" Schmidt-Spiele mag sich auf ihrer Homepage überhaupt nicht festlegen. Das hat den Vorteil, dass man auf diese Weise sogar viermal das hundertjährige Jubiläum begehen könnte. Sicherlich nicht zum Ärger der Marketingabteilung. Solche taktischen Spielchen hat das Unternehmen allerdings in keiner Weise nötig: Insgesamt sollen bisher über siebzig Millionen Spiele verkauft worden sein, derzeit sind es immer noch 100 000 pro Jahr. Über diesen sagenhaften Erfolg wird tiefsinnig orakelt. Schadenfreude sei eine typisch deutsche Eigenschaft, geboren aus der humorlosen Hierarchie des Kaiserreiches. Vor Brett und Würfel hingegen seien alle Menschen gleich. Sofern keiner schummelt, möchte ich hinzufügen. Ich habe als Kind durchaus mal versucht, einen ungünstigen Wurf für ungültig zu erklären. Harmlose Spielernaturen wie meine Eltern und ich, wie ich und mein Sohn, wie vielleicht auch Sie, liebe Leserinnen und Leser, haben gemeinsam gelacht und geweint bei „Mensch, ärgere Dich nicht". Vielleicht ist es ja genau das, was dieses Spiel so unsterblich macht. Man kann zusammen das Zusammenleben üben. Und zwar mit richtigen Menschen, nicht am Computer. Die Würfel spielen Schicksal und schlagen erbarmungslos zu. Wie oft wird auch im „richtigen Leben" der Mensch kurz vor dem Ziel aus dem Rennen genommen? Dann zu sagen: „Ein neues Spiel, ein neues Glück" fällt leichter, wenn man das schon mit dem alten Spiel des Münchners Josef Friedrich Schmidt geübt hat. Er hat es für seine Kinder erfunden, und unsere haben immer noch Spaß dran. Besonders, wenn Papa sich ärgert, wie man das auf der Jubiläumsbriefmarke sehr schön sehen kann.

Es gilt heute (insbesondere in den Medien) als Todsünde, so genannte „veraltete" Wörter und Wendungen zu benutzen. Denn oft wird „Alter" nicht mehr mit Weisheit oder Erfahrung gleich gesetzt, sondern einzig mit „verbraucht" und „wertlos". Das beruht für mich ganz logisch auf den gefühlten Werten unserer Gesell-

schaft. Dieses Thema ist es mir wert, dass ich jetzt einfach mal rücksichtslos auf total antiquierte und verpönte Anreden zurückgreife:

Werte Leserinnen, teure Leser!

Alles wird ständig immer teurer. Jeden Tag lesen wir von neuen Hiobs-Preisen. Im Moment, in dem ich diese Zeilen schreibe, kostet der Liter Diesel 1,52 Euro. Wenn Sie dieselben lesen, wird es sicher schon wieder mehr sein. Wir wissen, was ein Kilo Kartoffeln kostet oder ein mit dem Nötigsten ausgestatteter Bugatti (1,5 Millionen Franken). Aber was ist derzeit eigentlich ein Mensch wert? Manche sagen: 2,58 Euro im Angebot; also reiner Materialwert: Wasser, Kohlenstoff, Salze usw. Wobei Wasser natürlich auch immer teurer wird. Manche allerdings verweisen auf seltene Spurenelemente in uns und setzen sogar sechsstellige Summen an. Und wenn etwas selten ist, dann steigert das den Wert ungemein. Wir Menschen sind aber nicht gerade selten auf diesem Planeten. Gold dagegen ist knapp und deshalb wertvoll. Wir sagen zwar „mein Goldstück" und „mein Schatz", aber die gegenseitige Wertschätzung lässt doch oft zu wünschen übrig. Die Missachtung des Menschen durch den Menschen hat viele Gesichter. Es sind eben nicht nur die brutalen Freizeit-Schläger auf dem U-Bahnhof, es sind auch Rabauken in Nadelstreifen, die Mitarbeiterinnen und Mitarbeiter gleich zu Tausenden hin und her schubsen. Eine ganz höhere Art von Gewalt. Der Wert des Einzelnen ist stark reduziert. Wir leben in einer Zeit der Billigflieger und Billigmenschen. In der Wirtschaft steigt die Wertschätzung im Allgemeinen und Besonderen, wenn die Nachfrage stärker ist als das Angebot. Die Nachfrage nach Menschen scheint mir manchmal ziemlich gering. Der Benzinpreis soll jetzt so hoch sein, weil mit dem Öl spekuliert wird. Geht das auch mit uns? Eine „menschliche Werte AG“ gibt's bislang noch nicht an der Börse. Was ich sagen will: Man kann Menschen eben nicht nach wirtschaftlichen Kriterien wie eine Ware behandeln. Überall, wo man Menschen kurzsichtig auf Kennziffern, Umsätze, Gewinne und auch Einschaltquoten reduziert, wird es ausgesprochen ungemütlich. Ich kenne TV-Kollegen, die sich nur noch mit ihrer letzten Einschaltquote begrüßen. Es ist zwar für den Betroffenen ein großer Unterschied, ob er Schlosser oder Fußballtrainer ist, wenn er mal eben gefeuert wird. Dahinter steckt die oberflächliche, oft dumme Jagd nach dem ganz schnellen Erfolg, der oft keinen Bestand hat. Was heißt hier Heuschrecken? Die sind ja lebendig. Es gibt eine Art Manager, die hat sich schon selbst automatisiert, die agiert gefühllos wie ein Roboter. Werte wie Treue und Vertrauen, Loyalität und Weitsicht vertragen sich nicht mit Machtstreben, Dummheit, und Arroganz.

Einer der berühmtesten Sätze des 20. Jahrhunderts prophezeite das Ende der DDR, er stammt von Michail Gorbatschow und lautet: „Wer zu spät kommt, den bestraft das Leben.“ Soweit die Legende. In Wirklichkeit hat er das an jenem historischen 6. Oktober 1989 in Ostberlin überhaupt nicht gesagt. Vielleicht gedacht, aber gesagt hat er: „Ich glaube, Gefahren warten nur auf jene, die nicht auf das Leben reagieren.“ Das klingt nicht ganz so knackig und treffend wie die Überlieferung für die Geschichtsbücher. „Wer zu spät kommt, den bestraft das Leben“ hörte die Menschheit damals auf einer spontanen Pressekonferenz aus dem Munde von Gorbatschows Sprecher Gerassimow. Ob es sich dabei wirklich um ein al-

tes russisches Sprichwort handelt, sei dahingestellt. Es gibt aber durchaus russische Volksweisheiten, die in unsere Sprache eingegangen sind. Zum Beispiel: „У страха глаза велики." Auf Deutsch: Angst hat große Augen.

Angst hat große Augen

Manchmal denke ich, wir Menschen brauchen immer irgendwas zum Fürchten. Da war die Angst vor den Marsmenschen, den Russen, wahlweise den Amerikanern, den Chinesen, den Erdstrahlen, den kosmischen Strahlen, die Angst vor der Wissenschaft und vor der Unwissenheit. Wir hatten Angst, dass die Saurier wiederkommen und die Maikäfer aussterben. Menschen hatten Angst vor Lokomotiven, vor Autos und der Politik, vor Schlangen und Ozonlöchern, vor dem Fliegen, vor der Zukunft, vor der Vergangenheit und natürlich dem Weltuntergang. Vor der Einsamkeit, der Zweisamkeit und dem Versagen. Vor dem Tod sowieso und vor dem Leben im Allgemeinen auch. Ich fürchte, ich habe noch viele Ängste vergessen. Jeder kann die seinen dazu tun. So gesehen sind wir doch ziemliche Angsthasen. Und wenn wir uns mal einen kurzen Moment nicht gruseln, dann gehen wir ins Kino und schauen uns einen Film an, der uns dann möglichst viel Angst macht. Derzeit haben wir ganz offensichtlich große Angst vor unseren eigenen Kindern. Die passenden Bücher zur aktuellen Angst heißen „Warum unsere Kinder zu Tyrannen werden" oder „Kinder fordern uns heraus". Ja, das klingt wie der Erstschlag aus dem Kinderzimmer. Man weiß in solchen Fällen oft nicht, was zuerst da war – das Buch oder die Angst. Zurzeit gibt es ja kaum eine Zeitung, einen Sender, der sich nicht mit dem mehr oder weniger missratenen Nachwuchs beschäftigt. Wenn man wie der „Stern" mal Eltern und Kinder aus sehr verschiedenen Lebensbereichen ganz direkt fragt, dann sehen die Betroffenen die vermeintliche Erziehungskrise wesentlich gelassener. Der pädagogische Weltuntergang findet nicht statt, aber natürlich ist der Weg vom kleinen Individualisten zum großen Egomanen nicht weit. Anders gesagt: Hinter jeder Angstmache steckt immer auch ein kleines Korn Wahrheit und natürlich ein großes Geschäft. Von unseren Ängsten leben ganze Industriezweige. Buchverlage, Turnschuhfabriken, Pharmahersteller, Versicherer und viele, viele andere. Vielleicht ist ja der menschliche Fortschritt selbst ganz wesentlich von unseren Ängsten getrieben. Jetzt erleben wir gerade die kollektive Angst vor dem letzten Tropfen Erdöl und dem Ende der Mobilität. Müssen wir nun wieder unser ganzes Leben zu Hause bleiben und frieren? Ich bin ganz sicher, müssen wir nicht. Reale Zwänge haben bis jetzt noch immer positive, kreative Kräfte freigesetzt. Vorausgesetzt, die Probleme werden gesehen. Aber da ist mir nicht bange, denn: Angst hat große Augen, heißt es. Ich bin halt eine unverbesserliche Optimistin, denn ich glaube daran, dass wir auch in tausend Jahren noch munter Ängste haben werden. Das ist menschlich. Und mutig sein heißt ja nicht, keine Angst zu haben, sondern tapfer damit umzugehen.

Ich habe einige Mühe darauf verwendet, herauszufinden, wer als erste oder als erster das mittlerweile geflügelte Wort von der „Mauer in den Köpfen" gedacht, geschrieben oder gesagt hat. Es ist mir nicht gelungen. Vielleicht, liebe Leserinnen und Leser, kann mir jemand von Ihnen einen Tipp geben. Einstweilen arbeite ich daran, die eine oder andere versteckte Mauer zu überwinden. Für meinen Geschmack gab es da nämlich auch noch eine

Mauer in den Töpfen

Die Kanzlerin der Bundesrepublik Deutschland, Angela Merkel, hat kürzlich nicht ohne Stolz öffentlich geäußert, dass man sie für ihre Rouladen mit Rotkraut gemeinhin loben würde. Dass man sie für diesen Satz nicht umgehend giftig getadelt hat, spricht dafür, wie weit wir in zwanzig Jahren deutscher Einheit wirklich gekommen sind. Jetzt isst endlich zusammen, was zusammen bei Tische sitzt. Ich erinnere mich noch sehr gut an die Zeit, als der vereinigte Alltag begann. Auch die deutsche Küche war geteilt. Und zwar insofern, als dass Meinungsführer und Bildungsträger aus dem Westteil die deutsche Küche quasi abgeschafft hatten. Wer sich nicht stilsicher in der mediterranen Esskultur Italiens bewegte und über diverse Olivenöl-Sorten parlieren konnte, war ein Barbar. Auch ich gehörte ohne Frage zu den Barbarinnen aus den Wäldern des Ostens. Selbst der schüchterne Hinweis, dass ja italienische Ravioli im Grunde nichts weiter seien als russische Pelmeni, wurde nur belächelt. Der östliche Neubürger galt als goldbroilersüchtig und mehlverschwitzt. Die deutsche Küche an sich wurde pauschal verteufelt. Dabei vergaß die westliche Ess-Elite schon damals, dass schweigende Mehrheiten bundesdeutscher Gaumen ihre größten Freuden an pappigen US-Hackfleischbrötchen und Schweineschnitzeln am Ballermann fanden. Nie werde ich vergessen, wie ein guter Freund, der Schauspieler Walter Plathe, der siebzehn Jahre „Der Landarzt" vom ZDF war, bei Alfred Biolek ein Altberliner Eisbein zelebrierte. Ich hatte den Eindruck, Feinschmecker und Feingeist Biolek konnte seinen Abscheu über das grobe Zeug im Topf nur mühsam unter Kontrolle halten. Jahre später hat er selbst einen Trend zu Mutters Küche ausgemacht, denn jüngere Bekannte, also quasi seine Schüler, sagten zu ihm: „Wir können wunderbar italienisch kochen, wir können mit dem Wok umgehen, aber wir wissen nicht, wie man ein gutes Gulasch macht." Im Ergebnis brachten Biolek und Witzigmann ein neues Kochbuch heraus: „Wie bei Muttern". Man kocht wieder deutsch, aber natürlich etwas verfeinert. Und das auf beiden Seiten der ehemaligen Geschmacksgrenzen. Die völlige Einheit in den deutschen Töpfen und Tiegeln wird es aber, Gott sei Dank, niemals geben, denn unsere Küche ist eine der regional vielfältigsten der Welt. Ich selbst werde übrigens gelobt für meine Bouletten, auch Frikadellen oder Klops oder Fleischpflanzerl genannt.

Eine weitere innere Mauer fällt mir als geborene Sächsin immer wieder mal vor die Füße. Es ist eine Unterart der Mauer in den Köpfen bzw. an den Köpfen, ich nenne sie:

Die Mauer in den Ohren

Wieder einmal hat eine Umfrage ergeben: Sächsisch ist der am meisten unbeliebte Dialekt Deutschlands. Es wundert mich nicht, dass ausgerechnet ein Hamburger Nachrichtenmagazin ausführlich darüber berichtet. Die Norddeutschen haben gut reden, sie reden ja norddeutsch. Und das ist, laut Untersuchung des „Institutes für deutsche Sprache", die beliebteste Mundart. Nur sieben Prozent hören es ungern, beim Sächsischen sind es dreißig Prozent! Ich frage mich, warum ausgerechnet meine Muttersprache in Deutschland so wenig geschätzt wird. Dabei hat die Nation unserer sächsischen Zunge eine Menge zu verdanken. Zum Beispiel den Namen „Deutschland". In früheren Zeiten sagte man gemeinhin

„Teutschland“, und ich vermute, erst die Sachsen haben aus dem spitzen „T“ ein weiches „Deutschland-D“ gemacht. In Thailand gab es seinerzeit noch keine Sachsen als Weichmacher. Inzwischen sind sie aber auf der ganzen Welt als „Douristen“ unterwegs. Von „Dorondo“ bis „Dahidi“. In manchen Ländern können sich Sachsen besonders gut verständigen, der Italiener beispielsweise spricht quasi auch sächsisch. Wenn wir Pasta bestellen, sagen wir „Basta“, und das versteht man im Prinzip auch in Italien. Aber ich will nicht abschweifen, das Sächsische als allgegenwärtige Weltsprache ist ein anderes Thema. In der Umfrage wird freudig festgestellt, dass es zwanzig Jahre nach Mauerfall und Einheit keine ostdeutsche bzw. westdeutsche Sprache mehr gibt. Ich meine, das ist ein Irrtum. Mein leider so ungern gehörtes Sächsisch wird als Ostdeutsch wahrgenommen; um nicht zu sagen: „DDRisch“. Das haben wir wahrscheinlich den vielen sächsischen Grenzpolizisten zu verdanken, die in den Jahrzehnten der Teilung Generationen von westdeutschen Mitbürgerinnen und Mitbürgern durch ihren spröden Charme von klein auf vergrault haben. Weil ja jede Schulklasse Westberlin besuchte, kamen fast alle Bundesbürger flächendeckend in den Genuss einer „*Gänsefleisch*“-Grenz-Kontrolle: „*Gänse vielleischt* mal ihre Dasche aufmachen?“ Durch diese Art der sprachlichen Körperverletzung sind viele Menschen derartig traumatisiert worden, dass sie bis heute beim lieblichen Klang meines unschuldigen sächsischen Heimat-Dialektes Gänsehaut kriegen. Aber ich bin mir ganz sicher, irgendwann wird auch die Mauer in den Ohren fallen. Vorausgesetzt, meine geliebten Sachsen gewöhnen sich an, künftig auch mal ein bisschen leiser zu babbeln.

Es gibt in den Köpfen vieler Menschen natürlich nicht nur Mauern. Nein, dort halten sich noch ganz andere unverwüstliche, betonharte Phänomene, wie beispielsweise die:

Machos in den Köpfen

Es wäre ungerecht, wenn man sagen würde, am traditionellen Rollenverhalten hätte sich seit fünfzig Jahren kaum etwas geändert. Nein, heute gibt es nagelneue Männer, die sich Babys umschnallen, Kurse besuchen und natürlich bei der Geburt dabei sind. Sie würden dem Nachwuchs sicher gern auch mal die Brust geben, wenn das nicht Quatsch wäre. Wobei, ich vermute schon, dass mir bald jemand erklärt: Pseudostillen an der Männerbrust erhöht die Bindungsfähigkeit. Wie auch immer, viele Männer geben sich große Mühe, kein Macho zu sein. Jedenfalls möchten die meisten nicht als solcher erkannt werden. Aber es gibt sie trotzdem. Zum Beispiel getarnt als Tee trinkende, unendlich verständnisvolle Partner. Einer entpuppte sich kürzlich an meinem Küchentisch; ein durchaus sympathischer, liebenswerter Mensch. Er weinte sich die Augen aus dem Kopf. Seine Frau war mit einem Musiker weggelaufen. Er wiederholte gebetsmühlenartig sein Klagelied, gespickt mit: „hätte ich doch" oder „hätte ich doch nicht". In ihrem Liebeskummer sind sich Mann und Frau übrigens durchaus ähnlich. Ich erlaubte mir, meinen Freund nach einer angemessenen Schamfrist von dreieinhalb Stunden heulendem Elend darauf hinzuweisen, dass auch er in der Vergangenheit die Ehe gebrochen habe. Darauf sah er mich mit großen Augen an und sprach ebenso verwundert wie entrüstet: „Aber das ist doch etwas ganz anderes." Ja, der Macho im Geiste ist lebendig wie vor fünfzig Jahren. Im Büro meines Managers, ebenfalls ein hochsensibles männliches Wesen, fand ich diese These nun bestätigt. Und zwar auf einem Stapel mit Zeitschriften. Dort las ich in einem Männer(!)-Magazin die Ergebnisse einer Umfrage: 58 Prozent der Herren finden es normal, mit anderen Frauen zu flirten, obwohl sie gerade in einer Beziehung leben. Aber nur 33 Prozent tolerieren das im umgekehrten Falle bei ihren Partnerinnen. So sieht's aus! 15 Prozent der gebundenen Männer küssen schon mal fremd. Aber nur fünf Prozent gestehen das ihren Frauen zu. Der alltägliche Macho in den Köpfen ist schwer zu orten. Ich kann mich ja irren, aber wenn beispielsweise plötzlich alle über eine Ministerin herfallen, die durchaus auch herb-männliche Politik macht, dann hab ich so ein komisches Gefühl, als würde es diesem und jenem nicht allein um die Sache gehen. Wie singt doch Reinhard Fendrich so unvergesslich: „Macho Machos bleiben in Mode; Macho Machos sterben net aus!"

Bei Shakespeare sagt Julius Cäsar: „Lasst wohlbeleibte Männer um mich sein … und nachts gut schlafen." Der Mann sah die Sache offenbar ähnlich wie die Berliner Kult-Entertainerin Helga Hahnemann (1937–1991). In einem ihrer erfolgreichsten Lieder heißt es: „Dicke sind zum Glück auch nich so verrückt, die Dünnen haben immer gleich wat hektisches im Blick. Dicke bleiben immer friedlich, rejen sich nie auf, denn auf ihr Kreuz, da jeht ne Menge drauf." Halten wir fest:

Dicke sind friedlich

Ich bin nicht rechthaberisch, empfinde es aber immer wieder als Genugtuung, wenn Wissenschaftler etwas bestätigen, was ich insgeheim schon immer vermutet habe. Vorige Woche las ich, dass Hungergefühle aggressiv machen. Das liegt am sogenannten „Glückshormon“ Serotonin. Bisher war schon bekannt: Wenn wir zu wenig von diesem Stoff in uns haben, werden wir traurig. Jetzt ist erwiesen: Der Mangel, hervorgerufen durch falsche oder zu wenig Ernährung, macht aggressiv. Nun weiß ich, warum mit vielen Leuten, die gerade eine Diät machen, selbst an Obsttagen nicht gut Kirschen essen ist. Und wieder bestätigt sich, dass alte Volksweisheiten und Sprüche durchaus eine wissenschaftliche Grundlage haben: „Dicke sind gemütlich“ heißt es, und das bedeutet ja nichts anderes, als dass der gut ernährte, also Serotonin-satte Mitmensch weniger zickig ist. Auch ohne die biochemische Grundlage hat sich die Menschheit diese Zusammenhänge schon lange zu Nutze gemacht. Ein sattes Baby schaut glücklich und zufrieden, und ein wesentlicher Bestandteil der Diplomatie ist das Essen. Bei wichtigen Verhandlungen wurde immer auch gut gegessen, Friedensverträge hat man nach dem Essen besiegelt. Wir können umgekehrt sicher nicht davon ausgehen, dass nun gleich alle Finsterlinge der Weltgeschichte in gewisser Weise Essstörungen hatten. Aber einige schon. Vielleicht sollte man überhaupt mehr auf die Ernährung von Politikern achten. Gott sei Dank sind die Folgen des Serotonin-Mangels in unserer föderalen Demokratie nicht gar so gravierend. Es gibt ja immer auch genug Bayern und andere gemütvolle Genießer im Parlament, die das Schlimmste verhüten und die Verbissenen zum Essen verführen. Überhaupt sind die eher gehaltvoll speisenden Völkerschaften meist auch die verträglicheren. Der Sachse an sich hat mit seiner schweren Küche noch nie einen Krieg angefangen und auch noch nie einen gewonnen. Die ewig darbenden Preußen hingegen, mit ihrer vom Alten Fritzen verordneten Kartoffeldiät, waren von ganz anderem Schrot und Korn. Als Faustregel kann vielleicht gelten: Vorsicht vor den Dürren, wenn sie an die Macht kommen. Vor dem Hintergrund der neuen Erkenntnisse wundert es auch nicht, dass Topmodels wie Naomi Campbell öfter mal ausrasten und Fotoreporter oder andere Mitmenschen verprügeln. Die Mädels können nichts dafür, es sind die hormonellen Folgen der Hungerkuren. Wir haben die Angewohnheit, auch schwierige private Angelegenheiten beim Essen zu klären. Das betrifft sowohl den heiklen Beginn einer Beziehung (Darf ich sie zum Essen einladen?) wie das Ende einer solchen nach der Scheidung (Lass uns noch mal schön Essen gehen.). In diesem Sinne: Guten Appetit.

„Nicht für die Schule, sondern für das Leben lernen wir." Wer hat das gesagt? Natürlich mal wieder der alte Römer Seneca?! Die Wahrheit lautet: Nein, er hat es nicht gesagt, nur gemeint. Gesagt hat er das Gegenteil: „Non vitae, sed scholae discimus" – nicht für das Leben lernen wir, sondern für die Schule – womit er diesen Zustand beklagte und die Umkehrung forderte; was bedeutet, dass die Sache dann sinngemäß wieder stimmt. Ich finde, bei solchen Feinheiten reicht es zu wissen, wo es steht, wo man nachschlagen kann. Ein bestimmtes Grundwissen sollten Schülerinnen und Schüler aber sehr wohl aus der Schule mit nach Hause, respektive mit ins Leben nehmen. Was im pädagogischen Einzelfall so hängen bleibt, versucht man traditionell herauszufinden mit Hilfe von:

Prüfungen

Eine besonders schwere Prüfung ist vor einigen Jahren dem Berliner Bildungssenator auferlegt worden. Da hatte doch jemand die Matheaufgaben für den mittleren Schulabschluss geklaut und unter die Prüflinge gebracht. Peinlich für den Senator und seine Verwaltung. Die armen Schüler mussten jetzt diese Prüfung, ohne die man nicht zum Abitur zugelassen wird, nachschreiben. Ich kann das Elend nachfühlen, denn mir selbst hätten nicht einmal die gestohlenen Aufgaben etwas genutzt, ich war in Mathematik eine einzige Katastrophe. Als Lehrerin habe ich dann später selbst eine Menge Prüfungen in Deutsch und Englisch abgenommen und zwei Grundtypen kennengelernt: Zum einen die „fleißigen Bienchen" (damals fast nur die Mädchen), die mit dunklen Ringen unter den Augen ganze Lehrbücher auswendig vortragen konnten. Und zum anderen die „Hallodris" (damals vorwiegend Jungen). Deren Einstellung zur Prüfung lautete: „Risiko! Mal sehen, was mir heute einfällt; Hauptsache, ich bin gut drauf." Einigen ist in der Tat nicht allzu viel eingefallen, denn gute Laune allein macht nicht schlau. Trotzdem sind heute gerade diese ehemaligen Schüler von mir besonders kreativ und erfolgreich. Nicht für die Nebel, sondern für das Leben hatten sie vor allem Denken gelernt. Eine Prüfung sagt eben nicht alles über einen Menschen. Mitte der Sechzigerjahre fiel ein junges Mädchen durch die Aufnahmeprüfung einer Journalistenschule. Sie hat später eine Zeitung gegründet und viele Jahre geleitet. Was wäre der deutsche Journalismus ohne Alice Schwarzer und ihre „Emma". Bill Gates hat sein Diplom ganz ohne Prüfung ehrenhalber geschenkt bekommen – 32 Jahre nachdem er sein Mathestudium hingeworfen hatte. Martin Luther und Günther Jauch haben ihr Jurastudium abgebrochen. Die Liste prominenter Abbrecher und Prüfungsmuffel ist lang. Vorige Woche sind einige arglose Berlin-Besucher aus deutschen Landen durch eine spontane Prüfung gefallen. Eine Zeitung hatte ihnen Testfragen zum Thema „Deutschland“ gestellt. Die Befragten waren u.a. der Meinung, die Bundesrepublik sei 1954 gegründet worden und bestehe aus 21 Bundesländern. Sollten Sie, liebe Leserinnen und Leser, diese Auffassung teilen, dann haben sie gute Chancen, den neuen deutschen Einbürgerungstest nicht zu bestehen. Sollten Sie trotzdem ein guter deutscher Staatsbürger sein, heißt das doch nichts anderes, als dass auch eine Prüfung mangelhaft sein kann. Nichts gegen Prüfungen an sich. Manchmal wünsch ich mir sogar noch mehr davon, z.B. für Kindererziehung. Aber eine Prüfung bleibt doch immer eine „Momentaufnahme“, sie darf kein Urteil sein. In diesem Sinne, allen, die in diesem Jahr geprüft werden, ob Schule, Studium, Beruf oder Fahrschule – viel Glück!

Es gibt sprachliche Äußerungen, die haben die Bezeichnung „Redewendung“ überhaupt nicht verdient. Auch „Spruch“ wäre unangemessen. Eine stumpfsinnige, böse und gemeine Parole wie „Ausländer raus!“ sollte in unserer Sprache gestrichen und durch das Gegenteil ersetzt werden:

Ausländer rein!

Nach einer Show, bei der auch das Fernsehballett dabei war, bekam ich einen Brief von einem Zuschauer, der es nicht ertragen konnte, dass in einem deutschen Fernsehballett ein

Afrikaner tanzt. Ich solle doch gefälligst dafür sorgen, dass das aufhört. Es ist ein sehr grusliges Gefühl, wenn man einen derartigen Wisch ins eigene Haus bekommt. Gott sei Dank passiert mir so etwas überaus selten, und so war die Versuchung groß, den Vorfall zu verdrängen und möglichst zu vergessen. Bis ich in der Zeitung las, dass der FC Sachsen Leipzig einen Abwehrspieler aus Nigeria hat, den sogenannte „Fans" einer gegnerischen Mannschaft mit Sprechchören wie „Affe" und „Bimbo" bedachten. Da war es wieder, das Gefühl der Scham und der Ohnmacht. Es hat ganz offensichtlich keinen Sinn, solche Dinge zu verdrängen. Mir scheint, „No-go-Areas" entstehen vor allem aus „No-talk-Areas". Insofern freue ich mich, wenn über Neonazis und ihre Sympathisanten geredet wird, obwohl der Anlass oft ein trauriger und tragischer ist. Wenn diese traurige Angelegenheit dann aber immer wieder zum Ost-West-Thema wird, dann finde ich das unsäglich. Da darf ich dann lesen und hören, dass der Ostdeutsche an sich (also auch ich) demokratisch minderbemittelt ist und bekanntermaßen keine Erfahrungen mit Ausländern sammeln konnte. Dieser Schwachsinn ist für mich nichts weiter als eine andere Art Chauvinismus. Da werden Ostdeutsche quasi zu Bildungs-Bimbos. Wahrscheinlich brauchen manche Leute permanent Underdogs, um sich besser als andere zu fühlen. Die Wahrheit ist: Die meisten „alten Kameraden" sind recht jung. Viele waren vor 1989 noch nicht mal in der Schule. Es stimmt natürlich: Die Deutschlandkarte mit den rechtsextremen Gewalttaten zeigt eine deutliche Abstufung. Sachsen-Anhalt und Brandenburg sind Spitzenreiter, die Gegend um den Ostberliner Bahnhof Lichtenberg war lange Zeit berüchtigt. Bayern und Baden-Württemberg dagegen sonnen sich in relativem Frieden. Wer sich die Beschriftungen auf dieser Karte mal wegdenkt, der sieht plötzlich noch eine ganz andere Geographie: Die Problemgebiete sind zufällig (?) auch die wirtschaftlichen Krisenzonen. Es sind quasi „No-work-Areas". Die Verteilung des geistigen Elends hat vielleicht doch mehr mit sozialer Qualifikation als mit totalitärer Vergangenheit zu tun. An meiner ZDF-Show sind im Durchschnitt circa dreißig Prozent Ausländer beteiligt. Wenn all diese künstlerischen und technischen Fachkräfte plötzlich verschwunden wären, dann hätten die Zuschauer fünf Interpreten, zwei Balletttänzer und meine Wenigkeit im Halbdunkel einer Viertel-Dekoration betrachten dürfen. Um die Sendezeit zu füllen, hätte ich siebzig Minuten moderieren müssen. So was würde nicht mal den 120-prozentigen Super-Germanen gefallen.

Selbst in renommierten Nachschlagewerken wird der Satz „Vertrauen ist gut – Kontrolle ist besser" dem Gründer der Sowjetunion Waldimir Iljitsch Lenin (1870–1924) zugeschrieben. Zugeschrieben ist das richtige Wort, weil er ihn eben nicht geschrieben hat. Er hätte ihn aber aus voller Überzeugung unterschrieben. Weil Vertrauen nicht ganz so gut wie Kontrolle sein soll, hat man letztere furchtbar übertrieben. Die krankhafte Sucht nach umfassender Kontrolle entmündigte die Bürger und führte zu mangelnder Effizienz. Dabei hatte doch gerade dieser Lenin einmal geschrieben, dass im Ringen der Weltsysteme letztlich die Arbeitsproduktivität entscheiden würde. Vielleicht hat er sich selbst nicht geglaubt, in diesem Punkt allerdings lag er völlig richtig. Die mangelnde Produktivität führte letztlich zum Untergang des Ostblocks. Wir sollten also vorsichtig sein mit der einseitigen Sicht auf gutes Vertrauen und bessere Kontrolle. Ich würde stattdessen vorschlagen: Kontrolle ist gut, aber:

Kontrollierte Vorsicht ist besser

Ganze Heerscharen von Journalisten, Kabarettisten und auch Politikern haben sich in den vergangenen Jahren über die Grünzeug-Diktatur der Europäischen Union lustig gemacht. Die Vorgabe einheitlicher Kriterien für Obst und Gemüse galt als Symbol für die beknackten Auswüchse der Bürokratie. Der Klassiker aller Kämpfer gegen die Bevormundung aus Brüssel ist der festgeschriebene Krümmungsgrad einer EU-Banane. Die gemeine Gurke hingegen soll nach Festlegung der europäischen Schreibtisch-Strategen „praktisch gerade sein" und nicht mehr als zehn Millimeter Krümmung auf zehn Zentimeter Gurkenlänge aufweisen. Mir persönlich ist die Krümmung einer Gurke ja ziemlich „Banane". Ich kaufe mein Gemüse nicht nach Vorschrift. Im Übrigen ist eine Normierung von Obst und Gemüse sicher sehr nützlich und praktisch für Handel und Verarbeitung. Mir allerdings sind solche Einheitsfrüchte einigermaßen unheimlich. Bei Äpfeln, die wie ein Ei dem anderen gleichen, hab ich immer die Assoziation von Fabrik. Im Unterbewusstsein empfinde ich derartiges Fließbandgemüse doch als nicht natürlich. In Wirklichkeit ist alles natürlich kerngesund und streng kontrolliert. Allerdings waren den Verantwortlichen einige ihrer Regeln jetzt doch irgendwie peinlich. Die konnten ja nie sagen, womit sie sich im Job beschäftigen. Taten sie es doch, haben sie Hohn und Spott geerntet. Deshalb wollte man jetzt einen ganz Sack voll Normen auf dem Misthaufen der EU-Geschichte entsorgen. Vergeblich. Gerade die Deutschen hatten jahrelang gegen die Eurokraten und deren Regulierungswut gewettert. Aber aus dem Landwirtschaftsministerium kommt nun kein Siegesgebrüll, sondern ein Stoppzeichen. Ob da was faul ist? Entweder sind Vorschriften blödsinnig oder sinnvoll. Aber nicht mal so und dann mal so. Ich denke, wir, die mündigen Gemüseverbraucher, sollten die Sache im Auge behalten. Ein gesundes Misstrauen gegenüber den Einlassungen von Kommissionen und Verwaltungen kann nicht schaden. Auch die vom Umweltminister vorgestellte Handy-Studie würde ich in diesem Sinne hinterfragen. Kein Grund zur Sorge, heißt es. Im Prinzip jedenfalls. Im Prinzip vollkommen unbedenklich war auch die Atomkraft, bis Tschernobyl in die Luft geflogen ist – was ich schon arg bedenklich fand. Eine Studie hat jetzt ergeben, dass Telefonieren mit dem Handy im Prinzip nicht krank macht, wobei diese Untersuchung von Mobilfunkbetreibern mit bezahlt wurde. Das erinnert mich an einen steinalten Gag des auch schon Mittsechzigers Otto Waalkes: „Amerikanische Wissenschaftler haben herausgefunden, dass Rauchen doch nicht gesundheitsschädlich ist – gezeichnet Dr. Marlboro." Vertrauen ist gut – kontrollierte Vorsicht ist besser.

Ein wirklich guter Slogan zeichnet sich durch möglichst lange Haltbarkeit aus. Ein gutes Beispiel für einen, um es modern auszudrücken, nachhaltigen Spruch (und das in jeder Beziehung) ist das legendäre „Atomkraft? Nein danke!". Dazu gehört das gelbe Logo mit der lachenden Sonne. Beides haben sich zwei Studierende 1975 in Dänemark ausgedacht: Anne Lund und Søren Lisberg. Ihr Spruch wurde mittlerweile in 45 Sprachen übersetzt und bei uns in Deutschland quasi geadelt, will sagen, er ist in die Alltagssprache eingegangen. Das „Nein-Danke"-Konstrukt hat gute Chancen auf ein ewiges Leben in immer wieder neuen Sprüchen. Selbst wenn es keine Atomkraft mehr gibt, wird sich wohl immer irgendeine kreuzgefährliche Sache finden, die man damit ablehnen kann. Wie wär's mit:

Liften? Nein danke!

Ich glaube nicht, dass man einem TV-Sender eine fette Geldstrafe aufbrummen muss, nur weil dort gezeigt wird, wie ein reiferes Mädel in einen chirurgischen Jungbrunnen fällt. Eine derartige Sendereihe mit Brigitte Nielsen sorgte vor einiger Zeit für Aufregung. Ich denke allerdings nicht, dass so was, wie damals geargwöhnt, möglicherweise „jugendgefährdend" ist. Wirkliche Gefahr droht wohl eher jenen potenziellen Opfern, die bereits mehrfach volljährig sind. Allerdings finde ich das Ganze nicht besonders appetitlich. Wahrscheinlich muss es das auch nicht sein, es ist ja schließlich keine Kochshow. Plastische Chirurgie scheint mir segensreich, wenn es um echte Handicaps geht. Aber ich bekenne hier in aller Öffentlichkeit: Ich werde mich nicht liften lassen! Nicht unbedingt aus moralischen und anderen hehren Beweggründen; nein, ich bin zu feige. Es ist mir einfach zu gefährlich. Schon beim Friseur verfolge ich hochkonzentriert und kritisch, was man mir antut. Die Friseurin fragt natürlich immer wieder nach, ob's recht so ist. Aber wie soll ich in der Vollnarkose dem Operateur aufs Messer schauen? Und auch der beste Professor wird mich während seiner Arbeit nicht fragen, ob's mir gefällt. Ich muss mich seinem Empfinden für Schönheit unterordnen. Aber die Geschmäcker sind verschieden. Was mache ich, wenn ich hinterher in den Spiegel schaue und schreie: Ich will mein altes Gesicht wiederhaben! Haare, die zu kurz geschnitten sind, wachsen wieder. Was zu lang ist, kann man abschneiden. Aber Ohren und Nasen? Wenn ich einen Schönheitschirurgen verklage, weil ich mich nicht schön finde, kann der bestimmt hässlich sein und sagen, ich würde besser aussehen als vorher. Das Gegenteil kann ich ihm schlecht beweisen. Wie gesagt, nichts gegen kleine Korrekturen, aber wenn das so weitergeht, werden Events wie die Oscar-Verleihung mehr und mehr zum Maskenball. Ein bisschen albern finde ich es, wenn jemand seine ewige Gesichts-Jugend als Ergebnis einer gesunden Lebensweise verkaufen will. Eine gewisse Fitness kann natürlich nicht schaden, damit man die Operationen auch einigermaßen übersteht. Jemand hat gesagt: „Alt wird man im Kopf." Und der kamikazeartige Versuch einiger Promis, mit allen Mittelchen nicht alt zu werden, scheint mir das erste Zeichen davon zu sein. Mit dem natürlich gealterten Johannes Heesters hatte ich so viel jugendlichen Spaß an der Hotelbar, dass ich bestimmt ein paar furchtbare Lachfalten dazubekommen habe. Aber schön war's.

Dass „null" nichts ist, ist keine Erfindung der Null-Bock-Generation. Seit dem 16. Jahrhundert spricht man von Verträgen, die „null und nichtig" sind. In Schillers Wallenstein heißt es: „Das Jurament ist null." Davon abgeleitet kann „Du Null" im Sinne von „Du Nichts" schon arg verletzend sein. Kein Mensch ist nichts. Auf einzelnen Fachgebieten allerdings kann es durchaus schon mal passieren, dass man eine ziemliche Null ist. Was mich betrifft, so bin ich als Mathematikerin eine absolute:

Null-Nummer

Dass die Olympischen Spiele 2008 am Abend des 8. August um 8 Uhr 8 und 8 Sekunden eröffnet wurden, hat mit der mystischen Symbolik bestimmter Zahlen in China zu tun. Mir persönlich ist jegliche Art von Zahlen ein mystisches Geheimnis. Mein ehemaliger Mathematiklehrer würde das doppelt unterstreichen. In meiner sächsischen Heimat gab es bereits vor Zeiten den Schülerwettbewerb „Mathematikolympiade“. Ich scheiterte selbstverständlich bereits an den Pflichtübungen der Qualifikation. Damit entspreche ich zu 100 Prozent dem gängigen Klischee, dass Frauen zahlenmäßig minderbemittelt sind. Doch jetzt hat die amerikanische Psychologin Janet Hyde herausgefunden: Mädels sind in Mathe sogar noch etwas besser als Jungs. Zumindest in den USA und in Ländern wie Norwegen und Schweden. Also dort, wo die Gleichberechtigung besonders weit gediehen ist. Anderenorts würde sich Unsereiner quasi selbst einreden, dass er in bestimmten Schulfächern genetisch benachteiligt ist. Für mich kommen diese ermutigenden Erkenntnisse natürlich viel zu spät. Ich war in Mathematik exakt das, was man in der europäischen Zahlensymbolik eine „Null“ nennt. Null kommt vom lateinischen „nullus“ und bedeutet „keiner“. Und keiner will natürlich niemand sein. Null Bock auf Null, sozusagen. Andererseits wird gerade den Nullen viel Unrecht getan. Schließlich sind null Fehler in der Schule und im Sport was Gutes. Wer in „null-Komma-nichts“ etwas geschafft hat, der gilt ja nicht unbedingt als doof. Außerdem könnte man in den Olympischen Ringen ja auch fünf Nullen sehen. Und aus zwei Nullen lässt sich eine 8 basteln, die in China Glück bringt. Wobei dort das Zeichen für 8 aussieht wie ein schützendes Dach. Und die chinesische Aussprache der Zahl 8 klingt ähnlich wie das Wort für „Reichtum“. Im Deutschen klingt ja kaum eine Zahl wie ein gebräuchliches Wort, höchstens die sechs. Aber als Schicksalszahlen gelten bei uns doch mehr die 7 und die 13. Dabei werden sie völlig unlogisch mal als Glücks- und mal als Pechzahlen empfunden. Ganz anders in China. Die absolute Unglückszahl ist die vier. Das scheint mir auch völlig logisch, denn die 4 ist eine halbe 8. Also nur ein halbes chinesisches Glück. Und halbe Sachen sind schlecht. Ich wünsche allen künftigen Olympischen Spielen nur Gutes und nicht so viele Zahlenspiele. Medaillen zählen ist schließlich nicht alles, sondern dabei sein.

Was hat ein gewisser Otto Ernst Schmidt (1862–1926) aus Hamburg-Groß Flottbeck mit der Jugend von heute zu tun? Ganz einfach, der Mann war unter dem Namen Otto Ernst als Dichter und Schriftsteller u. a. bei der Jugend von damals sehr erfolgreich. Die Literaturkritik hat ihn weit weniger geschätzt als das Publikum, so dass er fast völlig in Vergessenheit geriet. Was uns als stehende Redewendung und Dauerseufzer der „reiferen Jugend" bis heute in Erinnerung blieb, ist der Titel seines Lustspiels:

Die Jugend von heute

In unserer Redaktion war ein Praktikant avisiert. Kollegen hatten mich gewarnt: Mach dich auf einiges gefasst. Ich war auf alles gefasst. In einer großen Sonntagszeitung erschien auch zufällig noch ein Artikel, in dem für die Wirtschaft allgemeiner Flegel-Alarm ausgerufen wurde. Der gegenwärtige Berufsnachwuchs sei drauf und dran, völlig ohne soziale Kompetenz bzw. ein gewisses Minimum an Anstand, die deutsche Arbeitswelt zu erobern. Kein Wunder, wenn in diesem Sommer tausende Lehrstellen nicht besetzt sind. Wer braucht schon solche Lümmel in der Firma? „Die Jugend heutzutage hat schlechte Manieren, verachtet die Autorität, hat keinen Respekt vor älteren Leuten …" Diese Nörgelei kommt nicht aus dem Unternehmerverband, sondern vom alten Sokrates (470–399 v. Chr.). Offensichtlich ist das Thema nicht ganz neu. Ich weiß nicht, woran es damals lag, heute würde ich z. B. fragen: Woher soll die Jugend den Respekt vor älteren Leuten nehmen, wenn die älteren Leute vor sich selbst keinen Respekt haben und stattdessen dem Jugendwahn verfallen. Wer das Alter als Makel begreift und z. B. TV-Zuschauer über fünfzig quasi als mediale Schande, der muss sich doch nicht wundern, wenn die Jugend das irgendwann dann auch so sieht und die Älteren für gering schätzt. Sokrates beklagte sich: „Sie widersprechen ihren Eltern, schwadronieren in der Gesellschaft und tyrannisieren ihre Lehrer." Das klingt sehr modern. Aber muss nicht Jugend zu allen Zeiten widersprechen? Die heutige hat es allerdings nicht leicht. Wie soll sie denn provozieren und revolutionieren, wenn ihre eigenen Eltern seit 1968 kaum noch was zum Bürger erschrecken übrig gelassen haben. Mode, Sex, Drogen, alles kalter Kaffee. 68er-Eltern haben die Kinderstuben doch selbst so „radikal" eingerichtet, dass die lieben Kleinen im D-Zug durchfahren konnten. Dazu kommt, dass es in unserer Wirtschaft nicht gerade von Vorbildern für Azubis wimmelt. Ob schwarze Kassen, Bestechung oder Lustreisen auf Firmenkosten, irgendein Skandal ist immer am Kochen. Wo soll er denn herkommen, der Respekt vor den Vorgesetzten, wenn Finanz-Vampire gierig ganze Unternehmen auslutschen, dass selbst Dracula neidisch wäre? Schuld an der Jugend von heute ist wohl immer erst mal die Jugend von gestern. Unser Praktikant war übrigens ein intelligenter, netter Mensch, der mir ständig die Türen aufgehalten hat.

Ständig stürzen neue Wörter und Wendungen über uns herein. Es handelt sich um sogenannte Trendwörter. Das heißt, sie erheben den Anspruch, einem topaktuellen Trend zu entspringen oder denselben zu beschreiben. Ich habe den Verdacht, der größte Teil dieser Begriffe sind reine Erfindungen, die keineswegs einen Trend widerspiegeln, sondern ihn erst schaffen sollen. Vor Jahren hat mir mal jemand weißmachen wollen, ich solle in einer Show-Moderation unbedingt den allerneuesten Trend des „e-pop" berücksichtigen, was für „emotional Pop" stehen würde. Ich habe mich nicht zu diesem Unfug hinreißen lassen, denn „unemotionale" Popmusik hätte in meiner Sendung ohnehin nichts zu suchen. Die Vokabel konnte sich verdientermaßen nicht durchsetzen. Andere Trendwörter verschwinden nach einer gewissen Zeit auf Nimmerwiederhören unter verbalen Lifestyle-Lawinen. So was Gewöhnliches wie „Warmduscher" oder „Yuppie" ist schon lange mit „Post-Privacy" und „Shitstorm" zugemüllt worden. Zu den kreativen Neuschöpfungen der vergangenen Jahre gehört auch:

Der metrosexuelle Mann

Ein Moderator war zu faul, sich nach einer Sendung abzuschminken und ist, so wie der Maskenbildner ihn schuf, mit der U-Bahn nach Hause gefahren. Männer zeigten mit dem Finger auf ihn. Frauen schauten zunächst interessiert, beim Näherkommen fingen sie an zu kichern. Mein Kollege bekam einen roten Kopf, da half auch kein Make-up vom Fernsehen. Das ist jetzt zwanzig Jahre her. Der arme Mann war wahrscheinlich der erste „Metrosexuelle" der Welt. „Metro" nicht, weil er U-Bahn gefahren ist, wohl aber in einer Metropole als Mann mit Schminke im Gesicht. Was damals fast noch dazu geführt hätte, dass jemand vor Schreck die Notbremse zieht, liegt heute voll im Trend. Der Zug der Zeit war mal wieder nicht aufzuhalten, wir sind beim „metrosexuellen Mann“ angekommen. Das meint, wenn ich es richtig verstehe, einen Typ, der heterosexuell ist, aber bestimmte Eigenheiten von uns Frauen für sich kultiviert hat. Er besitzt möglicherweise noch mehr Schuhe als ich und verwendet jede Menge Zeit und Geld für die Pflege seines Äußeren. Große Kosmetikfirmen haben in den letzten Jahren durch die Herren dieser (Wert-)Schöpfung Wachstumsraten von zwanzig Prozent und mehr erreicht. Spezielle Cremes, Stifte, Puder, Gesichtsmasken und auch Lippenstifte sorgen für metrosexuell steigende Umsätze. Ich finde es schön, wenn Männer etwas für sich tun und von allein darauf kommen, dass man Fingernägel nicht nur abknabbern, sondern auch pflegen kann. Aber natürlich muss jedes neue Bedürfnis wissenschaftlich untermauert werden, damit man nicht denkt, es ist künstlich. Wenn es denn stimmt, dass schöne Männer im Beruf erfolgreicher sind, dann habe ich den Eindruck, dass schöne Wirtschafts-Bosse nicht immer auch kompetent sind, denn da ist in den vergangenen Jahren viel Unschönes passiert. In den USA waren vor drei Jahrzehnten noch 85 Prozent aller Männer mit sich zufrieden. Heute sind es nur noch 57 Prozent. Diese neue „weibliche“ Eitelkeit der Männer kann auch beunruhigen, wenn man sich anschaut, wohin die eine oder andere „Polit-Schönheit“ das Land gebracht hat. Vielleicht sind metrosexuelle Politiker sogar gefährlich. Ich erinnere daran, dass gefärbte oder nicht gefärbte Haare eines deutschen Kanzlers um ein Haar zu einer Staatsaffäre geworden wären. Grundsätzlich würde ich, wie bei allem, was Männer so anstellen, auch die Metrosexualität kritisch im (geschminkten) Auge behalten.

Wer sagt, eine Platte sei abgespielt, meint, eine Sache ist überholt und veraltet. Mit etwas Lebenserfahrung weiß man allerdings, dass Dinge, die sich überlebt haben, ihr vermeintliches Ende mitunter auch unerwartet überleben können. Insofern singe ich jetzt mal ein Loblied auf:

Die unsterblichen alten Platten

Die Langspielplatte aus Polyvinylchlorid und mit 33 Umdrehungen pro Minute ist ins Rentenalter gekommen. Und das, obwohl spätestens mit dem Anbruch des CD-Zeitalters Anfang der Neunziger klar war, dass die LP eigentlich gar nicht so alt werden kann. Aber auch in der digitalen Welt hat die schwarze Scheibe überlebt. Es gibt Plattenläden für Liebhaber, und auch Abspielgeräte werden wieder hergestellt. Freilich sind die ganz großen Zeiten vorbei. Ich habe sie noch miterlebt. Wenn damals die Beatles oder die Stones eine neue Platte herausbrachten, war das ein Ereignis. Auch bei mir zu Hause in Sachsen. Unzählige Omas, Opas und Tanten mussten sich westlich der Elbe im Auftrag der anverwandten Ostjugend in die Plattenläden wagen und nach Dingen fragen, die sie nicht aussprechen konnten: Zum Beispiel „Sgt. Pepper's Lonely Hearts Club Band". Ein Teil der auch musikalisch heißen Ware ging dann noch bei der „widerrechtlichen Einfuhr" in die DDR verloren. An die zuständigen Kontroll-Organe bzw. deren Kinder. Eine „Sgt. Pepper" schaffte es wie durch ein Wunder in die Hände meiner Klassenkameradin. Sie hatte fortan nur die besten Jungs zur Auswahl. Wir ahnten damals übrigens auch in Grimma, dass dieses Beatles-Album was ganz besonderes war. Radiosender hatten in Sondersendungen die einzelnen Songs vorgestellt, und das Cover ist nicht nur in die Kulturgeschichte des 20. Jahrhunderts eingegangen; es hat auch meinen Lebensweg mit beeinflusst: Auf der Rückseite waren die Texte abgedruckt. Die Beschäftigung mit der völlig abgefahrenen Lennon-Lyrik hat mit dazu beigetragen, dass ich dann Englischlehrerin geworden bin. Zu unseren Schülerpartys hat jeder seine Schätze mitgebracht, und an den verschiedenen Knackeffekten konnte man erkennen, wessen Platte gerade gespielt wurde. Die Vinyl-LP hatte etwas sehr Individuelles. Wenn ich heute im Radio einen Song von damals höre, dann ist es oft so, dass ich darauf warte, dass er an der gleichen Stelle „hängen bleibt" wie damals meine Platte. An den alten Scheiben hängen aber auch Erinnerungen und Geschichten von ersten Küssen und Abschiedsküssen, von Glück und Kummer. Ich kenne einige, die bringen es nicht übers Herz, die alten Platten wegzuwerfen oder zu verramschen, obwohl sie schon längst kein Abspielgerät mehr besitzen. Aber da ist eben noch dieser Rotweinfleck auf der Nase des jungen Mick Jagger. Die Vinylplatte hat vielleicht auch in unserer Sprache Spuren hinterlassen: „Er erzählt immer dieselbe Platte" oder „Ich bin gut aufgelegt". CD-technisch müsste es heißen: „Ich bin gut eingelegt." Bald jedoch legen wir weder auf noch ein, wir loaden nur noch down. Ist ja auch praktischer. Aber die alten Platten waren schöner.

Die deutsche Sprache kann mit Fügungen wie „Unkraut vergeht nicht" wunderbar derb, knapp und sinnlich sein. Schon Hans Sachs (1494–1576) und Martin Luther (1483–1546) benutzten das Wort „Unkraut" im bildlichen Sinne. In unserer Zeit wird immer wieder mal versucht, im Namen der „Political Correctness" oder gewöhnlicher Besserwisserei, unser überliefertes Wortgut mit der Kneifzange an den Zeitgeist anzupassen. Die deutsche Bürokratie hat dabei Folgendes hervorgebracht:

Spontanvegetation vergeht nicht

Natürlich sagt man: „Unkraut vergeht nicht". Aber auf gut Amtsdeutsch heißt Unkraut nun mal Spontanvegetation. Und dass die Verwaltungssprache mindestens so zäh ist wie Unkraut, zeigt sich auch darin, dass in Bochum ein Kongress zu diesem Thema stattgefunden hat. Motto: „Amtsdeutsch a. D." Dabei handelt es sich übrigens um eine internationale Veranstaltung, denn im Zuge der Globalisierung wird ebenfalls über Amts-Chinesisch bzw. Behörden-Hindi geklagt. Aus verständlichen Gründen beschränke ich mich hier auf unsere verbeamtete Muttersprache. Apropos Mutter, unsere Kinder gehen amtlicherseits ja nicht in die Schule, sondern werden beschult und haben dabei mit Lehrkräften zu kämpfen. Ich war ja selbst mal Lehrerin und weiß, dass einen da ganz schnell die Kräfte verlassen können. Diskutiert wird, ob und wie Schülerinnen und Schüler ein Mittagessen verabreicht bekommen. Ich persönlich habe meinem Kind möglichst nie etwas verabreichen lassen. Ein Mittagessen, das verabreicht werden muss, ist womöglich schon angegangen. Wer sich über amtsschimmlige Ausdrucksweisen ärgert, sollte allerdings nicht gleich auf das tropische Großgrün (Großgrün = Baum; tropischer Baum bei mir = Palme) gehen. Möglicherweise sehen wir ja die forstwirtschaftliche Nutzfläche vor lauter Großgrün nicht – will sagen: Vielleicht haben wir ja alle Mitschuld an der Verwaltungsreform unserer Sprache? Menschen, die gern Recht haben und ein bisschen krümelig veranlagt sind, suchen leidenschaftlich gern nach

Deutungslücken und Formfehlern, nur um am Ende „Ätsch" zu sagen. Der behördliche Apparat errichtet deshalb eine chinesische Amtsmauer in Form von allumfassenden, übergenauen Formulierungen, die unangreifbar sind, weil sie nichtssagend sind. Die DDR war Weltspitze auf dem Gebiet der staatlichen Rechthaberei, die hatte ja auch ganz besonders viele selbstherrliche Behörden (dort auch gern Organe genannt). Sie war Vorreiter bei der Umbenennung von Briefmarken in Postwertzeichen. Autos waren formschön, auch wenn manches daran hässlich war. Man sprach von Aufstrichfetten, so dass in knappen Zeiten das Wort „Butter" gar nicht in den Mund genommen werden musste. Sollte künftig auch das Fernsehen weiter verbürokratisiert werden, könnte ich Sie demnächst etwa so begrüßen: „Liebe Fernsehenguckende, willkommen zu Verabreichung meiner Show!"

Es scheint nicht zu helfen, dass es bereits in der Bibel steht. Es scheint nichts zu nutzen, dass es US-Folk-Legende Pete Seeger und die Gruppe „The Byrds" in dem Song „Turn! Turn! Turn!" unzählige Male gesungen haben. Ja sogar die ostdeutsche Rockband „Puhdys" hat das biblische Thema in einem ihrer wohl erfolgreichsten Lieder („Wenn ein Mensch") aufgegriffen. Trotzdem gibt es nach wie vor Menschen, die offenbar noch nie gehört oder gelesen haben:

Jegliches hat seine Zeit!

Ich hatte mir fest vorgenommen, mich nie wieder über so was aufzuregen. Aber man soll eben niemals nie sagen. Mitten im August betrete ich nichts ahnend einen Hamburger

Supermarkt. Plötzlich verliere ich die Fassung und führe mich auf wie eine durchgeknallte Salatgurke. Ich habe mich sehr laut geärgert. Was war der Anlass für meine Entgleisung? In einem Regal lag jede Menge festlich verpacktes Weihnachtsgebäck. Leise rieselt der Schnee – bei dreißig Grad im Schatten! Es war ein überdurchschnittlich warmer Sommer. Vielleicht zu warm für die Marketingleute dieses Marktes. Genaugenommen sind ja mittlerweile Weihnachtsleckereien lange vor dem Fest ganz normal. Und genau das ärgert mich. Ich finde es ausgesprochen unnormal, wenn man nichts mehr daran findet. Ich fühle mich beklaut und betrogen. Mir wird etwas sehr Wichtiges weggenommen, nämlich Zeit. Die Zeit der Vorfreude. Mir wird aber auch etwas von der Freude am Sommer und am Herbst weggenommen. Ich bin noch nicht bereit für den Heiligen Abend im August! Klar, es ist jetzt angesagt, dass wir alles gleichzeitig machen: telefonieren, Coffee to go, joggen, Zeitung lesen, arbeiten und was man sonst noch „Take away" tun kann. Wahrscheinlich geht der Trend vom Multitasking zum Multi-Living; das heißt, wir feiern zugleich Weihnachten und Ostern, am liebsten würden wir heiraten und uns im selben Augenblick scheiden lassen. Früher hieß es: Alles zu seiner Zeit. Heute wollen wir alles zu jeder Zeit. Was aber geschieht, wenn wir nicht mehr die ersten frischen Erdbeeren wahrnehmen und gar nicht merken, dass die Spargelzeit schon wieder zu Ende ist? Wir rasen gefühlsblind durch das Jahr. Raserei auf Autobahnen ist ausgesprochen lebensgefährlich, Raserei auf dem Weg durchs Leben aber auch. Ich denke, wir nehmen uns keine Zeit mehr, etwas zu zelebrieren. Wer nichts vermisst, hat nichts, worauf er sich freuen kann, und nichts ist mehr besonders. Es droht ein langweiliges, freudloses Leben, so ohne Auf und Ab. Dieses Rasen auf allen

Spuren ist nicht normal, es ist verrückt. Schließlich hat ja auch das Wort „Rasen" schon einen Doppelsinn. Es steht nicht nur für (zu) schnell sein, sondern auch für sinnloses Wüten und Toben. Aber man muss ja nicht an jeder Kollektiv-Psychose teilnehmen. Danke, dass Sie sich für diese Zeilen Zeit genommen haben.

Früher war relativ wenig super: ein schlimmes Unglück (Super-GAU in Tschernobyl), ein paar schlimme Kinofilme („Supernasen") oder ein Liter Super (1970 supergünstige 0,55 DM). Heute ist alles:

Super, superer, am supersten!

In Ostdeutschland hat man sich bis 1989 gern folgenden Spruch erzählt: „Wir sind die größte DDR auf der ganzen Welt." Das war natürlich nur ein Witz, und zwar über den Größenwahn einer relativ kleinen Mangelgesellschaft mit großen Minderwertigkeitskomplexen. Heute kann man Sachen lesen wie: „Deutschlands meiste Kreditkarte". Das ist wahrscheinlich auch nur ein Witz. Ein Sprachwitz der Werbeleute, um mehr Aufmerksamkeit zu bekommen. Doch solche Scherze sind oft nur die Spitze eines geistigen Müllberges. In unserer Denkwelt ist mittlerweile so gut wie alles „mega-", „super-", „giga-", oder superaffensonstwas. Ich bin mir ziemlich sicher, auch ich habe Vergleichbares bereits öffentlich geredet. Zum Beispiel am Anfang einer Show, wenn das Publikum mich freundlich begrüßt: „… Superstimmung hier!" Warum benutze ich so was Mega-Abgegriffenes? Hätte ich nicht einfach sagen können: „Tolle Stimmung" oder

„wunderbare Stimmung“? Nun, vielleicht hätte ich das tun sollen, aber würde das dann nicht auch bedeuten, dass die Stimmung bei Carmen Nebel eben nur toll und wunderbar ist und nicht – wie bei sämtlichen anderen Unterhaltungsshows im deutschen Fernsehen – total super, mega oder wenigstens megasuper? Was ich meine ist, wenn die Superlative zum Normalfall werden, dann sind sie überhaupt nicht mehr super. Das Besondere nutzt sich ab, weil nicht alles ganz Besonders sein kann. Wir erleben eine Inflation der Übertreibung. Und wenn wir deshalb zu allem und jedem „super“ sagen, muss unbedingt etwas gefunden werden, das noch viel, viel „superer“ ist, also quasi „am supersten“. Es handelt sich so gesehen um eine Art Sprachdoping, ähnlich dem Leistungssport, wo ja ebenfalls zwanghaft immer weiter und weiter gesteigert werden muss. Kein Wunder, dass man dann am Ende auch mal mit einer solchen Mutation wie der „meisten Kreditkarte“ über das Ziel hinaus schießt. Ein kluger Mann hat gesagt: „In einer Überflussgesellschaft gehört die Übertreibung zur Normalität.“ In der Mangelgesellschaft aber auch, wie ich aus eigener Erfahrung weiß. Die einen übertreiben schamlos, weil sie den Mangel kaschieren wollen; die anderen, weil sie aus dem Überfluss hervorstechen wollen. Ich denke, es gibt manchmal Momente, da kann man völlig ohne jede Übertreibung sagen: Das ist die verrückteste Welt, die ich kenne.

Unsere Sprache ist manchmal auch ungerecht. Der Begriff:

Heiße Luft

meint „viel Lärm um nichts" oder „gewollt und nicht gekonnt". Wer so geringschätzig von „nichts als heißer Luft" spricht, weiß nicht, wie viel Mühe und Ingenieurskunst nötig sind, um sie herzustellen. Extra zu diesem Zweck ist eine spezielle Vorrichtung erfunden worden, die man Föhn nennt. Der Föhn feierte vor ein paar Jahren bereits seinen hundertsten Geburtstag. Meine Föhne sind niemals so alt geworden, berufsbedingt habe ich einige davon kaputt gespielt. Das Ding ist eine deutsche Erfindung. Vielleicht liegt uns ja das Windmachen irgendwie im Blut, auf jeden Fall brachte die Firma AEG den ersten Föhn unter die Leute. Der Name „Föhn" ist zwar in Anlehnung an den warmen Hochgebirgs-Fallwind „Föhn" entstanden, schrieb sich aber lange Zeit ohne „h". Ein früher Marketing-Gag der Werbegeschichte. Vielleicht aber hatten die zuständigen Herren seinerzeit auch nur eine Lese-Rechtschreib-Schwäche. Erst die Reform von 1998 hat den Elektro-Föhn dem alpinen Föhn auch orthographisch gleichgestellt. In welcher Schreibweise auch immer, die Heißluftdusche hat einen hundertjährigen Siegeszug hinter sich. Dem Föhn ist es gelungen, dass eine Marke ganz allgemein für ein Produkt steht, ähnlich wie später eine Nuss-Nougat-Creme oder dunkelbraune U.S.-Brause. Der Föhn war von Anfang an keineswegs nur zum Trocknen der Haare gedacht. Man empfahl ihn u. a. auch dazu, gefrorene Wasserleitungen aufzutauen oder Feuchtigkeit aus Küchengeräten zu blasen. Man kann damit aber auch Hunde trocknen oder ein kaltes Bett anwärmen. Der Föhn hat nicht nur unsere Frisuren verändert, er hat auch unser Denken geprägt. „Ich krieg 'n Föhn" heißt eine Redewendung, sicher mit Bezug auf den Alpen-Wind, der vielen aufs Gemüt schlägt. Aber die Flachländer assoziieren eher den Techno-Föhn. Im Übrigen war es vor hundert Jahren keineswegs immer die reine Freude, einen Föhn zu kriegen, denn er wog zwei Kilo und kostete ein Vermögen. Später ist der Föhn durch den Komiker Otto Waalkes (er wurde geboren, als der Föhn seinen Vierzigsten feierte) in den Schatz der deutschen Märchen und Sagen eingegangen. Wer kennt nicht die Geschichte von „Susi Sorglos" und ihrem sprechenden Föhn. Der hatte gelogen, denn er war doch kein verzauberter Prinz. Man kann ihn aber trotzdem küssen, denn er ist ein rechter Schatz.

Das Wort „Zielgruppe" würde ich nur im äußersten Notfall für eine Moderation verwenden, obwohl es viel mit Fernsehen zu tun hat. Für mich klingt „Zielgruppe" irgendwie nach Eingrenzung und Ausgrenzung, nach Ermittlung und Polizei. Interessanterweise hat sich ausgerechnet der Bundesinnenminister zu diesem Thema geäußert: In Bezug auf die angeblich so wichtige „Zielgruppe der 14- bis 49-Jährigen" bei der Messung von Einschaltquoten meinte Hans-Peter Friedrich gegenüber der BILD-Zeitung: „Die TV-Sender werden umdenken müssen. Auch hier gilt, dass sich der Jugendwahn als Irrweg erwiesen hat." Der Gedanke erscheint mir fast noch klüger, als die Polizei erlaubt. Aber meine Meinung ist wahrscheinlich nicht besonders relevant, denn ich gehöre eben nicht zu denjenigen, die man bezeichnet als:

Werberelevante Zielgruppe

Ich bin unerwünscht – und zwar als Fernsehzuschauerin. Gott sei Dank kann ich bei meiner eigenen Show nicht als Zuschauerin auftreten, sonst würde mich dort vielleicht auch keiner wollen. Ich gehöre nämlich nicht (mehr) zur sogenannten „werberelevanten Zielgruppe der 14- bis 49-Jährigen". Anfang der Neunzigerjahre begannen die Fernsehanstalten und Werbemanager diese Altersgruppe zu vergöttern. Sie war fortan das erklärte Ziel neuer Sendungen. Wer diese Zuschauer hat, ist erfolgreich, selbst wenn das Programm insgesamt kaum einer guckt. Ältere sind für bestimmte Medienmacher sozusagen „gestorben." Über 49 ist nicht relevant (lat. „wichtig"). Ein Übermaß an unwichtigen Zuschauern, wie bei ARD und ZDF, führt schließlich dazu, dass diese Sender im relevanten Feuilleton seriöser Zeitungen als geriatrische Anstalten verhöhnt werden. Dies nun wiederum bleibt nicht ohne Folgen für die öffentlich-rechtlichen Redakteure. Sie wollen doch auch nicht oll und alt sein, sondern ihr Publikum nun ebenfalls mit aller Macht verjüngen. Wahrscheinlich, um die Gesellschaft vor Überalterung zu bewahren. Kann Fernsehen Kinder zeugen? Spaß beiseite, vor einiger Zeit kam zum ersten Mal ans Tageslicht, was vernünftige TV-Menschen schon immer vermutet hatten: Die Theorie der „Werberelevanz" dieser Zielgruppe ist eine willkürliche Erfindung. Ex-RTL-Chef Helmut Thoma hat die Sache vor gut zwanzig Jahren aufgebracht und nun im SPIEGEL erzählt, wie es wirklich war: Die RTL-Leute hatten eine Zuschauergruppe, die seinerzeit am meisten ihren Sender geschaut hat, den Werbern als „relevant" eingeredet. Nur diese „Jüngeren" könne man als „Erstverwender" noch auf Marken programmieren. Thoma und seine Crew haben das damals selbst nicht geglaubt, für den Rest der Medienwelt war es eine Offenbarung. Ich verehre Helmut Thoma nach wie vor als einen amüsanten, charismatischen und wirklich begnadeten Fernseh-Papst. Und die geniale Erfindung der 14- bis 49-Jährigen macht ihn ja fast schon zu einem Hauptmann von Köpenick. Leider ist ihm, wie er selbst meint, die Angelegenheit dann außer Kontrolle geraten. Im Namen der Zielgruppe sind immer mehr Zuschauerinnen und Zuschauer in der Programmpolitik ausgegrenzt worden. Damit sollte langsam Schluss sein, auch wenn manche ausgerechnet jetzt damit anfangen. Wie auch immer, eins ist sicher: Wenn es im ZDF heißt „Willkommen bei Carmen Nebel“, sind wirklich alle willkommen – und zwar ohne Ansehen der Geburtsurkunde.

Rein sprachlich gesehen ist die „gute Butter“ wirklich was Gutes. Man soll sie sich nicht vom Brot nehmen lassen, und man soll Butter bei die Fische tun. Butter war Jahrhunderte lang ein Zeichen des Wohlstands. Manch einer, der in den späten Fünfzigern in Ostdeutschland aufgewachsen ist, wird sich erinnern, dass es da noch Butter auf Marken gab. Um von diesem offensichtlichen Zeichen der Misswirtschaft abzulenken, ließ es sich der damalige Staatschef Ulbricht nicht nehmen, im Fernsehen darauf hinzuweisen, dass er persönlich keine Butter zu sich nehme, weil Margarine gesünder sei. Butterweich sächsisch-singend vorgetragen, erreichte er mit dieser Feststellung genau das Gegenteil: Alle wussten, es steht schlecht. Schließlich heißt es nicht: Alles ist in schönster Margarine, sondern:

Alles in Butter

Der letzte Freitag im September war viele Jahre kein Tag wie jeder andere. Die deutsche Agrarwirtschaft hatte ihn zum „Tag des deutschen Butterbrotes" erklärt. Warum das? Klar, die wollten möglichst viele Butterbrote unters Volk bringen. Aber durften die das? Es ist doch allgemein bekannt, dass Butter Kuhfett ist und aus Cholesterin besteht. Genau genommen braucht man für jedes Stück Butter einen Waffenschein. Oder einen Warnhinweis mit Totenkopf: „Achtung, gute Butter kann Herzinfarkt verursachen!" Vielleicht sollten wir lieber den Monat des Margarinebrotes feiern? Ich denke, wir sehnen uns danach, dass auch im Kühlschrank die Welt übersichtlich in gut und böse, in schädlich und unschädlich getrennt ist. Aber immer, wenn wir verinnerlicht haben, was gesund und ungesund ist, kommt der ärgste Feind unseres Seelenfriedens: „neueste wissenschaftliche Erkenntnisse". Und dann soll wieder alles nicht wahr sein, was gerade noch allgemein bekannt war. Im Butter-Margarine-Streit bedeutet das vereinfacht gesagt: Butter ist doch nicht so ungesund wie seit Jahrzehnten behauptet, und Margarine ist nicht ganz so unschädlich wie lange Zeit gepredigt. Hätte man sich eigentlich auch denken können, denn das Butterbrot ist schon ein paar tausend Jahre älter als der moderne Massen-Herzinfarkt. Margarine gibt es dagegen erst seit 1869, und die ist gewissermaßen auch noch ein Produkt der Rüstungsindustrie. Napoleon III. hatte für seine Soldaten ein billiges Streichfett gesucht. Die Ur-Margarine bestand im Wesentlichen aus Rindertalk. Von wegen, essen wie Gott in Frankreich! Butter und Margarine sind nach neuen Erkenntnissen gleichermaßen „gut". Die Dosis macht das Gift, und ewige Wahrheiten hatten schon immer eine begrenzte Haltbarkeit. Es war allgemein bekannt, dass Kartoffeln furchtbar dick machen (Nein! Das Bratfett!), dass Spinat praktisch aus Eisen ist (Irrtum!), dass Salz den Blutdruck hochtreibt (Nein!), dass Frischgemüse besser ist als Tiefgefrorenes (Im Gegenteil!), dass Eier Cholesterinbomben sind (Entschärft!). Allgemein bekannt, aber bis jetzt noch nicht wissenschaftlich widerlegt, ist eigentlich nur, dass Butterbrote beim Absturz grundsätzlich auf die Butterseite fallen.

Die Weisheiten des Volkes werden oft als besonders weise angesehen. Aber selbst der Volksmund hat die Weisheit nicht durchgängig mit Löffeln gegessen. Es gilt auch hier ein dem altrömischen Recht entlehnter Grundsatz, der da lautet:

Ausnahmen bestätigen die (Bauern-)Regeln

„Jeder Winter besteht aus sieben kleinen Wintern", hat mir kürzlich eine Freundin erzählt. Ich hatte leider nicht mitgezählt und fragte, woher sie das wissen wolle. Sie meinte, die sieben Winter seien eine alte Volksweisheit. „Aha", sagte ich. Wenn es die Weisheit des ganzen Volkes ist, dann müsste ja was dran sein. Oder? Wo Rauch ist, ist auch Feuer. Und das ist ebenfalls eine Weisheit. Die Frage ist nur, ob so was auch immer die Wahrheit ist. Oft ist nicht mal der Rauch echt. Da hat nur jemand Staub aufgewirbelt und Wind gemacht. Meine Großmutter pflegte mir gern ins Gewissen zu reden: Was du heute kannst besorgen, das verschiebe nicht auf morgen. Beim Fernsehen ist manchmal das Gegenteil die goldene Regel: „Was du heute nicht besorgst, musst du morgen nicht ändern." Jedes Ding hat ganz offensichtlich zwei Seiten. Auch die Weisheit „Je später der Abend, desto schöner die Gäste" wird gern ironisch gebraucht. Dabei ist gerade dieses Sprichwort an der Wahrheit nachweislich dicht dran. Psychologen haben mal die Zecher in einer Bar einen ganzen Abend lang befragt, wie ihnen die anderen Gäste gefielen. Je später der Abend, umso schöner fand man die Vertreter des jeweils anderen Geschlechts. Man kann es auf eine objektive Formel bringen: Die relative Schönheit eines Barbesuchers ist gleich das Verhältnis der Verweildauer (Je später der Abend!) zur Summe auf der Rechnung des Betrachters. Eine spezielle Art der Volksweisheit nennt man Bauernregel. Man möchte glauben, dass gerade die bodenständigen Sprüche der Landwirte durch naturverbundene Beobachtung über Generationen hinweg gesichert sind. Weit gefehlt. Erstens haben wir Klimawandel, und zweitens ist sowieso alles eine Frage des Blickwinkels. Das heißt, jeder kann sich seinen eigenen Reim drauf machen. Als ich einem netten Kollegen die Bauernregel „Steigt Nebel empor, steht Regen bevor" vorlas, hat er sich köstlich amüsiert und gemeint: „Das stimmt, wenn Nebel früh aufstehen muss, macht sie ein Gesicht wie sieben Tage Regenwetter." Ha. Ha. Dem konnte ich nur entgegensetzen: „Kann man abends Nebel schauen, wird sich was Schönes zusammenbrauen!" Im Übrigen bestätigen Ausnahmen auch die Bauernregeln. Und vielleicht gibt es ja wirklich in der Regel jedes Jahr sieben Winter. Nächstes Mal werde ich mitzählen.

Bis jetzt hab ich gedacht, ich würde niemals einen Satz sagen wie: „Diese Jugend von heute!“ Hab ich auch nicht, denn: Wer so was von sich gibt, ist – wie mir scheint – in einem negativen Sinne alt. Noch schlimmer schien mir immer der Stoßseufzer:

Das hat es früher nicht gegeben!

Leider hab ich mich spontan dazu hinreißen lassen. Das war nach dem Amoklauf von Winnenden. Ich denke, solche mörderischen Exzesse von durchgeknallten jungen Männern hat es früher eben nicht gegeben. Nicht in dieser Brutalität und Häufigkeit. Man hat festgestellt, dass weltweit Deutschland nach den USA auf Platz zwei steht. Natürlich fragt man sich: Warum?! Ich glaube nicht an Computerspiele als Mörder-Macher. Die Jungen älterer, computerfreier Generationen haben mit Vorliebe von früh bis spät Krieg oder Wilder Westen gespielt. Es gab in jedem Spielzeuggeschäft ganze Arsenale von Plastikwaffen und Spielzeugpanzern. Die Familie erfreute sich an Westernserien und Krimis. Das war normal. Aber deshalb ist noch lange keiner auf die Idee gekommen, dass Mord und Totschlag normal sein könnten. Ich denke, die Medien sind nicht an allem Schuld. Einfache menschliche Grundwerte werden nicht mehr „vererbt“. Dazu gehören Respekt vor anderen, Achtung vor dem Leben. Werte kann man wahrscheinlich nicht lernen, man muss sie als junger Mensch „erleben“. Aber dazu braucht es nicht nur materiellen Wohlstand, sondern auch geistigen. Dieser emotionale „Reichtum“ besteht vor allem aus Liebe, Zuwendung und weniger Ich-Denken. Wer sich selbst als das wichtigste Wesen auf der Welt begreift, wird andere weniger wichtig finden. Wer sich selbst als alleinigen Maßstab aller Dinge sieht, sucht jegliche Schuld bei anderen. Wer nur sich selbst fühlt, hat kein Mitgefühl. Der

Terror des Individuums, ob Amoklauf oder Millionenbetrug, ist genauso entsetzlich wie die Untaten der dumpfen Masse. Wahrscheinlich werden Sie, liebe Leserinnen und Leser, manches anders sehen, meine Gedanken sind natürlich keine gesicherten Wahrheiten, sondern nur ein Ausdruck einer ganz persönlichen Verunsicherung.

„Geld verdirbt den Charakter“, sagt man. Ich glaube das nicht, denn eines von beiden fehlt immer, entweder das Geld oder der Charakter. Aber im Ernst, bereits im Alten Testament heißt es: „Schon viele hat das Geld übermütig gemacht …“. Das wiederum glaub ich aufs Wort, denn genau dieses Phänomen haben wir in den letzten Jahren wieder einmal bzw. mehrmals erleben dürfen. Dabei bestätigte sich aufs Neue, was uns schon die Großmütter predigten:

Übermut tut selten gut

Als Kind hab ich gern „Kaufmannsladen“ gespielt. Meine Oma war meine beste Kundin. Sie zahlte immer bar, und zwar mit Scheinen, auf denen fürchterlich viele Nullen standen. Ich verkaufte ihr beispielsweise relativ günstig einen angelutschten Bonbon für eine Million Reichsmark. Sie gab mir fünf Billionen, den Rest konnte ich behalten. Meine Ladenkasse war voll mit solchen Scheinen. Und weil sie genau wie richtiges Geld aussahen, fragte ich eines Tages die Großmutter, ob wir reiche Leute seien. Oma schmunzelte süßsauer, erklärte mir, dass mein Spielgeld nichts wert sei. Sie erzählte von „Weltwirtschaftskrise“ und „Börsenkrach“. Ich dachte, bei den Erwachsenen ist ein Ehekrach schon was ganz Schlimmes, da kann ein Krach in der Geldbörse auch nichts Gutes sein. Heute haben wir Gott sei Dank keinen Börsenkrach, sondern nur einen „Crash“ und eine Finanzkrise. Aber mir ist trotzdem mulmig. Es hört sich an, als hätten ein paar ungezogene Jungs mit Geld gespielt, alles verzockt, und jetzt rufen sie heulend nach der Mama. Meine Oma kann nichts mehr dazu sagen, aber unsere Kanzlerin agiert besonnen mit mütterlicher Umsicht und Strenge. Wobei eine Ohrfeige für die Strolche vielleicht auch nicht schaden könnte. Altväterlich-ministeriale Standpauken wurden auch schon gehalten, z. B.: „Ich fordere Wirtschaftsunterricht an den Schulen!“ Donnerwetter! Klar, erst drücken wir die Schulbank und dann die Landesbank. Ich gehe allerdings davon aus, dass die allerschlimmsten Finanz-Banausen Akademiker sind. Diplome schützen doch vor Dummheit nicht. Mir scheint allerdings, es handelt sich hier weniger um ein wirtschaftliches Bildungsdefizit als vielmehr um ein quasi moralisches. Meine Oma hätte Herzensbildung dazu gesagt. Zocken, tricksen, clever sein um jeden Preis, diese Grundsätze haben nicht wenige junge Leute in den Neunzigerjahren verinnerlicht. Das war die Zeit, in der Milchbart-Millionäre wie Lars Windhorst zu Idolen wurden. Bei der neuen Nachwuchs-Elite hieß es: Wer mit spätestens 24 nicht besser verdient, selbst wenn er's nicht verdient, hat versagt. Verantwortung, Augenmaß und Sachkenntnis galten als überflüssig. Aber nun sind die Kinder des gnadenlos positiven Denkens erwachsen geworden und ihr globaler Großmaul-Dilettantismus zeigt böse Folgen. Eltern haften für ihre Banker. Ich hoffe trotzdem, dass meine Euros nicht eines Tages zum Spielgeld einer Enkelin werden.

Der Beginn aller menschlichen Kommunikation ist üble Nachrede. So etwa der britische Psychologe Robin Dunbar. Er hält das Lästern für einen wesentlichen Aspekt der Sprachentwicklung in jenen Urzeiten, als unsere affenähnlichen Vorfahren noch rudelweise umherzogen. Vielleicht kommt ja daher die Formulierung: „übereinander herziehen". Wahrscheinlich nicht. Aber Fakt ist wohl: Ohne Lästern wären wir nur halbe Menschen, denn schon bei Shakespeare heißt es: Denn ich bin nichts, wenn ich nicht lästern darf.

Lob des Lästerns

Ich will ja nichts Schlechtes über uns sagen, aber man kann durchaus sagen, dass relativ viele Deutsche schlecht übereinander reden. Das zumindest hat eine Untersuchung des Emnid-Instituts ergeben. Ein Drittel von uns pflegt mindestens einmal die Woche über andere zu lästern. Wahrscheinlich gibt es aber noch eine hohe Dunkelziffer, denn ein großes Nachrichtenmagazin hat zu diesem Thema noch eine Online-Umfrage veranstaltet: Haben Sie heute schon gelästert? Wenn ja – über wen? Das Ergebnis war noch ein bisschen böser: fünfzig Prozent bekennende Lästermäuler. Am meisten wird über KollegInnen hergezogen. Ob Klamotten, Autos, Partner, Figur und Frisur, nichts ist sicher vor Spott und Häme in der Firma bzw. hinterm Rücken. Bevor die Kulturpessimisten sagen, auch das läge am zügellosen Raubkapitalismus, möchte ich darauf verweisen, dass bereits vor 400 Jahren ein Mann namens Shakespeare geschrieben hat: „Denn bin ich nichts, wenn ich nicht lästern darf." Aber auch die Geschmähten selbst dürfen sich mit Schopenhauer erhoben fühlen: „In Deutschland ist die höchste Form der Anerkennung der Neid." Mir scheint, dass insbesondere die Kollegenschelte, wenn sie nicht in Mobbing ausartet, eine soziale Funktion hat. Quasi als Überdruckventil unserer geknechteten Seelen. Im Übrigen sind üble Nachreden oft unterhaltsamer als lange Vorreden, sofern sie öffentlich stattfinden. Als Marcel Reich-Ranicki das Fernsehen runtermachte, war das eine Sternstunde des Fernsehens. In der Folge kam es zu weiteren interessanten Fällen von Kollegenschelte. Elke Heidenreich meinte, dass Thomas Gottschalk dumm ist, was Reich-Ranicki wiederum unverschämt fand. Ich denke, man muss sich um die prominenten Läster-Opfer von Hahnenkämpfen und Zickenkriegen keine Sorgen machen. Sie werden in der Regel auskömmlich bezahlt, incl. Schmerzensgeld. Es gibt eine Branche, in der das Schlechtmachen von Kollegen zum Handwerkszeug gehört. Das ist die Politik. Es hat auch im Nachhinein noch einen gewissen Reiz, wenn einer wie Rudolf Scharping den Joschka Fischer als „Oberpflaume" bezeichnet. Das war 1996. Damals äußerte Jürgen Trittin über unsere heutige Kanzlerin, sie sei die „Kaltmamsell der Atomwirtschaft". Was wäre das Leben ohne die Würze kleiner Gemeinheiten. Aber auch hier gilt: Keine Wortgewalt gegen Wehrlose! Ansonsten lästern Sie ruhig weiter. Aber man muss auch das Echo vertragen.

Manche Redewendungen unserer deutschen Muttersprache sind das Ergebnis einer kulturellen Globalisierung, die allerdings nicht erst mit dem Turbo-Kapitalismus eingesetzt hat. Schon seit Längerem kommt so manches gute Wort nicht von Luther, sondern aus Hollywood. In dem legendären US-Spielfilm „Casablanca" aus dem Jahre 1942 sagt Rick (Humphrey Bogart) zu Ilsa (Ingrid Bergmann): „Here's looking at you, kid." In der ersten deutschen Syn-

chronfassung von 1952 wird daraus der berühmte Satz: „Schau mir in die Augen, Kleines." Die heute gebräuchliche Version aus dem Jahre 1975 macht daraus: „Ich schau dir in die Augen, Kleines." Ich wiederum erlaube mir, eine weitere Abwandlung dieser liebevollen Aufforderung über das folgende Thema zu stellen:

Schau mir in die Gene, Kleines!

Die Zukunft hat begonnen: Menschen suchen die große Liebe per Gen-Test. Als ich das in einem Nachrichtenmagazin gelesen habe, blieb mir quasi die Spucke weg. Aber genau diese Flüssigkeit braucht man, um einen genetisch passenden Partner zu finden. Ein Schweizer Unternehmen bietet so was jetzt an. Durch den Vergleich der Körpersäfte kann der Fachmann wissenschaftlich exakt vorhersagen, ob ein Paar zusammenpasst, ob die beiden eine Chance haben, miteinander glücklich zu werden. Was heißt hier Liebe? Hauptsache, die Chemie stimmt! Die gentechnische Kuppelei beruht auf einer Analyse der Zellinformationen, die dafür zuständig sind, wie ein Mensch riecht bzw. von seinen Mitmenschen gerochen wird. Anders gesagt, die Redewendung „Ich kann dich nicht riechen" ist eben nicht nur eine Redewendung. Ab jetzt brauchen wir uns bei der Suche nach dem Lebenspartner nicht mehr auf die eigene Spürnase oder gar das Herz zu verlassen. Wer zu mir passt, wird im Labor entschieden. Unsere Eltern haben sich beim Karussellfahren auf dem Rummel schöne Augen gemacht. Ab jetzt flirten bestenfalls ein paar Gene in der Zentrifuge. Ich fände es furchtbar, wenn diese neuartige Partnervermittlung tatsächlich funktioniert. Das wäre der Untergang ganzer Wirtschaftszweige. Es gibt dann zum Beispiel keinen Liebeskummer mehr, aber so unendlich viele Popsongs, Filme und Gedichte leben doch von gebrochenen Herzen! Es wird keine Literatur und Kunst mehr geben, denn erst verzweifelte Beziehungskrisen haben Dichter und Maler ihre genialsten Werke vollbringen lassen. Wenn Boris Becker gleich beim ersten Mal die Richtige erwischt hätte, wären unzählige Zeitungsartikel nie geschrieben worden! Wie viele Fernsehserien beruhen auf der spannenden Unsicherheit, ob zwei sich kriegen oder nicht? Wenn alle Paare ununterbrochen und mit Gewissheit miteinander glücklich sind, wird es furchtbar traurig werden auf dieser Welt, denn wahres Glück erfährt schließlich nur, wer auch Tränen kennt. Die Schweizer Gen-Vermittlung wirbt mit dem Spruch: „Liebe ist kein Zufall." Bitte doch! Ich glaube an die zufällige, unlogische Liebe und ihre totale Unvernunft. Ganz im Sinne vom alten Wilhelm Busch, der einst schrieb: „Wo man am meisten drauf erpicht, gerade das bekommt man nicht. Stets findet Überraschung statt, da wo man's nicht erwartet hat." Und das ist nach wie vor gut so.

Auch die folgende Sentenz von geradezu philosophischer Tiefe und nachhaltiger Wahrhaftigkeit stammt aus der doch vermeintlich oberflächlichen Welt des Showgeschäfts. Ein abgebrochener Architektur-Student reimte vor Zeiten:

Sie müssen nur den Nippel ...

Genau: „... durch die Lasche ziehn." Viele von uns werden die Titelzeile dieses Songs wohl nie vergessen. Die erste Strophe beginnt so: „Ich konnte gerade lesen, da kam ich auch schon drauf, fast alles ist heut eingepackt, man kriegt es sehr schlecht auf." Die fröhliche Weise von Mike Krüger stammt aus dem Jahr 1980 (in dem der Schauspieler Reagan Präsident der USA wurde). „Der Nippel" war damals ein Hit. Offensichtlich traf das Lied den Nerv der Zeit: „Sie müssen nur den Nippel durch die Lasche ziehn, und mit der kleinen Kurbel ganz nach oben drehn, da erscheint sofort ein Pfeil und da drücken sie dann drauf, und schon geht die Tube auf." Das war natürlich ironisch gemeint, die Tube ging schon vor dreißig Jahren nicht einfach auf, und heute auch nicht. Die Nippel bzw. Laschen, die auch gegenwärtig an Konservendosen angebracht sind, reißen gern ab. Bei dem Versuch, das Blech auf herkömmliche Weise zu trennen, fließt oft Blut oder Tomatentunke. Beides gibt Flecken. (Das Fläschchen mit dem Fleckensalz krieg ich auch nie auf.) Milch und Saft fließen reichlich, wenn man moderne Flüssigkeitsbehälter öffnen will. Das hat wohl mit physikalischen Gesetzen zu tun. Dagegen sind Folien und Reißleinen an Tüten und Packungen offenbar von hinterhältigen Fallenstellern erdacht worden. Sie sehen harmlos aus, sind aber unberechenbar. Größte Vorsicht ist besonders dann geboten, wenn irgendwo steht: „Hier öffnen". Ich würde grundsätzlich davon abraten, „hier" zu öffnen. Im besten Falle passiert nichts, im schlimmsten reißt alles auf, und der Inhalt fliegt durch die Gegend. Vielleicht hab ich zwei linke Hände, aber ich bin nicht in der Lage, ein Paket Kaffee zu öffnen, ohne den Inhalt in meiner Küche quasi zu verpulvern. Auch wer versucht, im Supermarkt Obst und Gemüse selbst zu verpacken, wird nur allzu häufig scheitern. Die Tüten von der Rolle sind wahrscheinlich mit Dampfwalzen platt gemacht worden, damit sie kein Mensch mehr auseinander bekommt. Was hat sich seit 1980 nicht alles verändert! In Amerika wurde Obama Präsident, und die Mauer ist offen. Nur meine Bonbontüten bleiben zu. Mike Krüger würde heute mit dem Nippelsong garantiert wieder auf Platz eins landen, und ich kaufte mir die CD. Ich könnte sie nur nicht auspacken, denn die Cellophanhülle ist für mich undurchdringlich. Noch nie habe ich eine CD auf normalem Wege aufbekommen. Aber wahrscheinlich muss man nur den Nippel durch die Lasche ziehn …

Die Redensart „rotsehen" beruht auf einem grundlegenden Irrtum. Wer sagt: Wenn das und das passiert, sehe ich rot, meint, dass er unter gewissen Umständen furchtbar wild wird. Dieses temperamentvolle „Rotsehen" im Affekt soll sich vom Stierkampf herleiten. Der gemeine Stier dreht durch, wenn er das rote Tuch des Toreros sieht. Später hat sich allerdings herausgestellt: Es könnte auch ein gelbes, grünes oder lila Tuch sein. Der Stier an sich ist nämlich farbenblind, allein das Flattern des Tuches regt ihn auf. Insofern ist auch die folgende „Rot"-Farbenlehre mit Vorsicht zu genießen:

Wenn Männer Rot sehen

Eine Bekannte von mir betreibt eine kleine, aber feine Boutique. Als ich sie vor einiger Zeit besucht habe, schilderte sie mir ein merkwürdiges Phänomen. Von einem Tag auf den anderen verlangten auffallend viele Kundinnen rote Sachen. „Wie, rote Sachen …", fragte ich. „Pullis, Kleider, Slips oder was?" „Alles. Ganz egal was, Hauptsache rot." Hatte ich irgendeinen neuen Trend verschlafen? Des Rätsels Lösung war eine Zeitungsmeldung, die in diesem Herbst durch alle Blätter ging: „Die Farbe Rot macht Frauen sexy." Ich meine, dass Rot irgendwie die Farbe der Liebe ist, kann nicht wirklich neu und sensationell sein. Ich hab mir den Artikel noch mal angeschaut: Zwei US-Psychologen (es sind immer amerikanische Wissenschaftler, die so was herausfinden) haben nachgewiesen, dass Männer sozusagen rotsehen, wenn sie Rot sehen. Männer ticken dann aus wie die Paviane. Ich habe das jetzt natürlich unwissenschaftlich vereinfacht, aber ich denke, es trifft den Kern. Im männlichen Kopf gibt es einen urbiologischen Zusammenhang zwischen roter Farbe und der Wahrnehmung sexueller Attraktivität. Es handelt sich dabei keineswegs um moralische Werte wie Liebe und Zuneigung, sondern um einen primitiven Instinkt. Auch Affen drehen durch, wenn sie die Farbe Rot sehen. Deshalb färben Pavian-Weibchen in der Paarungszeit beispielsweise ihren Po ganz besonders rot. Da fällt mir mein Lippenstift ein, Abgründe tun sich auf. Aber wenn das alles stimmt, und ich hatte das an dieser Stelle schon einmal vage vermutet, dann muss nun wirklich so einiges ernsthaft überdacht werden. Ist es denn sinnvoll, dass man an einer Verkehrsampel bei Rot stehen bleiben muss? Für uns Frauen kein Problem, aber jetzt ist erwiesen, dass Männer im Angesicht der Farbe zwanghaft aufdrehen, also Gas geben müssen. Sie können nichts dafür, wenn sie einem auf der Autobahn gnadenlos auf den Pelz rücken. Die Schilder mit Tempo 130 haben ja einen roten Rand! Noch völlig ungeklärt erscheint mir in diesem Zusammenhang die Frage, ob Männer die gleichen Farben erleben wie wir Frauen. Ich habe nämlich folgende Erfahrung gemacht. Wenn mein Partner sagt: „Wo ist denn mein grüner Pullover?“, dann sage ich: „Liebling, dein brauner ist in der Wäsche.“ Darauf er: „Ich habe keinen braunen.“ Ich: „Doch …“ Das kann letztlich dazu führen, dass wir beide rotsehen.

„Wege zum Glück" hieß eine langjährige Telenovela im ZDF. Aber selbst wer alle Folgen gesehen hat (und es sind Hunderte), wird den Weg zum Glück schwerlich gefunden haben. Dabei wäre es so einfach, man muss nur drauf kommen, so wie einst der Dichter Fjodor Dostojewski (1821–1881): „Der Mensch ist unglücklich, weil er nicht weiß, dass er glücklich ist. Nur deshalb. Das ist alles, alles! Wer das erkennt, der wird gleich glücklich sein, sofort im selben Augenblick." Ich fürchte allerdings, die Sache ist wesentlich komplizierter, denn schon Friedrich Schiller wusste:

Das Glück ist falsch...

„... unsicher der Erfolg." Durch einen glücklichen Zufall fand ich zum Jahreswechsel im Internet folgendes Gleichnis aus dem alten China: Ein armer Bauer hatte ein betagtes, klappriges Pferd für die Feldarbeit. Eines Tages lief das Tier in die Berge und blieb verschwunden. Die Nachbarn beklagten das große Unglück des Bauern, doch dieser antwortete nur: „Pech oder Glück? Wer weiß?" Eine Woche verging, der Ausreißer kam zurück und brachte noch eine Herde von Wildpferden mit. Die Nachbarn freuten sich und gratulierten dem Bauern zu seinem unverhofften Glück. Der aber antwortete nur: „Glück oder Pech, wer weiß?" Der Sohn des Bauern versuchte, eines der wilden Pferde zuzureiten und brach sich ein Bein. Das sei ein großes Pech, meinten die Leute. „Pech oder Glück, wer weiß?", sagte der Bauer. Einige Zeit später zogen Soldaten durchs Dorf und nahmen alle jungen Männer mit, nur nicht den Bauernsohn mit seinem gebrochenen Bein. Und die Moral von der Geschicht: Glück oder Pech, man weiß es nicht. Wenn man erst einmal anfängt, darüber nachzudenken, ob Glück in Wirklichkeit Pech ist oder Pech Glück, dann ist das möglicherweise ein ziemliches

Unglück. Viele liebe Menschen wünschen mir jedes Jahr von Herzen Glück zum Geburtstag. Woher soll ich wissen, ob sie mir nicht genaugenommen Pech gewünscht haben. In bester Absicht natürlich. Darf ich mir wünschen, im Lotto zu gewinnen? Wenn ich Lotto-Glück habe, werde ich mir vielleicht einen waffenscheinpflichtigen Sportwagen kaufen und möglicherweise das Pech haben, damit meinen Führerschein zu verlieren, um kurz darauf den Polizisten von der Autobahn zu heiraten. Glück und Pech ohne Ende! Nicht auszudenken. Sehr deutlich wird das Problem an den Beziehungen zwischen Mann und Frau. Die Tatsache, dass man mit einem Partner glücklich ist und denselben später als ganz großes (vorsichtig ausgedrückt) Unglück empfindet, sagt ja nicht, dass das anfängliche Glück nichts weiter als Pech war. Ich hab's! Glück ist überhaupt nicht Pech oder umgekehrt. Glück ist immer nur zeitweilig! Wen diese Feststellung unglücklich macht, der tröste sich damit, dass das Pech ebenfalls nur auf Zeit stattfindet. Und das ist ein Glück! In diesem Sinne wünsche ich Ihnen, liebe Leserinnen und Leser, dass sich Pech ganz schnell in Glück verwandelt, und das genießen Sie, bis Sie wieder ein bisschen Pech haben, das am Ende zu Glück wird …

Dieser Johann Wolfgang von Goethe ist mir manchmal richtig unheimlich. Der Mann hat vor mehr als zweihundert Jahren schon genau gewusst, was ich heute denke: „Gegenüber der Fähigkeit, die Arbeit eines einzigen Tages sinnvoll zu ordnen, ist alles andere im Leben ein Kinderspiel." Recht hat er. Aber ich habe meinen

Organizer

„Ich bin nicht kompliziert, nur gut organisiert", hat Annett Louisan vor sieben Jahren gesungen. Oder war es schon 2004? Mein Gott, wie die Zeit vergeht. Das Wort „organisieren" haben wir uns im 18. Jahrhundert aus dem Französischen („organiser") geholt. Die Wendung „organisiert sein" hingegen konnte sich erst vor relativ kurzer Zeit in unsere Alltagssprache einschleichen. Den englischen „Organizer" haben wir gleich wörtlich übernommen, ohne uns die Mühe einer Eindeutschung zu machen. In den deutschen Mangelwirtschaften der Vergangenheit verstand man unter einem „Organisierer" einen Menschen, der gut klauen konnte. Vielleicht geht es ja beim „organisiert sein" auch darum, sich selbst möglichst viel Zeit zu klauen. In diesem Sinne verwende ich gerade am Jahresanfang immer wieder eine Menge Zeit darauf, mich neu zu organisieren. Das heißt, ich richte mir meinen Taschenkalender ein. Wie Sie sicher schon vermutet haben, halte ich elektronische Zeitmaschinen wie Smartphones zwar nicht für Teufelszeug, so doch aber, zumindest, was mich betrifft, für entbehrlich. Ich mag das Papier in den Händen, wenn ich die Geburtstage meiner Lieben eintrage und mit Blümchen verziere. Ich möchte das kommende Jahr in der Hand haben. Allein durch das eigenhändige Eintragen der Geburtstage bekommt man ein derart schlechtes Gewissen, dass es der Pflege von Bekanntschaften und Freundschaften außerordentlich gut tut. Ja, und dann male ich mir natürlich die Termine meiner Sendungen in die Kladden. Ein ganz besonderer und antiker Teil meines Kalenders ist das Telefon- und Adressen-Verzeichnis. Es besteht aus einem unbeschreiblichen Durcheinander von Namen, Ziffern, Flecken, Strichen und Mondgesichtern. Dazu kommen verschiedene Muster aus Geheimzahlen und Codewörtern, die für mich inzwischen derart geheim sind, dass ich schon lange nicht mehr weiß, was sie bedeuten. Ich möchte mich auch keinesfalls davon trennen, denn ich finde in diesem Wirrwarr viele Freunde, Bekannte und Kollegen, auch die, die ich lange nicht gesehen habe. Und sogar jene, die nicht mehr auf der Welt sind. Und noch eins: Ich kann sehen, was ich gestrichen habe in meinem Leben.

Unsere Vorfahren waren bekanntlich längere Zeit als Jäger und Fallensteller tätig. Diese Ur-Jobs scheinen bis heute unser Denken und Sprechen zu beeinflussen. Das Sprichwort „Wer anderen eine Grube gräbt, fällt selbst hinein" klingt wie ein Hinweis aus dem Handbuch für Fallensteller. Es gilt übrigens nicht nur für Gruben, sondern auch für ganz moderne Fallen.

Wer anderen eine Radarfalle aufstellt…

… muss aufpassen, dass er nicht selbst reinfährt. Die Radarfalle ist 55 geworden. Eine Schnapszahl! Dieses Gerät und seine Weiterentwicklungen sind heute zu einem wichtigen Teil unseres Lebens geworden. Normalerweise singt man zu Geburtstagen Lieder wie: „Wir freuen uns, dass du geboren bist." Im Falle der Falle hält sich die Freude in Grenzen, und zwar in den amtlichen Grenzen der Geschwindigkeitsbegrenzungen. Nur die öffentlichen Kassenwarte freuen sich wirklich. Dabei können wir doch alle dankbar sein. Die polizeiliche Hinterhalt-Elektronik hat sicher mit dazu beigetragen, dass die Menschen heut immer älter werden. Aber mit einer derartigen Vorrichtung kann man noch viele andere interessante Sachen machen. Außer notorischen Rasern lassen sich z. B. notorische Ehebrecher überführen. Quasi der Klassiker: Auf dem Polizeifoto, das unglücklicherweise ins Haus schneit, erkennt die Ehefrau ihren Mann. Er ist gut getroffen. Nur die Frau neben ihm kennt die Gemahlin nicht. Sie ist getroffen. Vieles im Leben weiß man erst zu schätzen, wenn es nicht mehr da ist. Ohne Radarfalle, schätze ich, wären fünfzig Prozent aller Party-Smalltalks ohne Stoff. Entsprechende Erlebnisse mit Technik und Behörden werden gern in epischer Breite zum Besten gegeben. Meistens geht es darum, mit wie viel List und Tücke es gelang, einer mehr oder weniger gerechten Strafe zu entgehen. Ich glaube ja, dass in den meisten dieser Heldenmärchen durchaus ein Körnchen Wahrheit steckt. Mehr aber auch nicht. Im Grunde ist ja nichts dagegen zu sagen, dass man sich über eine Geschwindigkeitskontrolle unterhält, schließlich ist die Radarfalle in gewisser Weise auch Unterhaltungselektronik: Das Ganze hat nämlich auch eine sportliche Komponente. Immer wieder faszinieren uns einzelne (Auto-)Bahnrekorde. Erst kürzlich wurde berichtet, jemand wurde in Thüringen auf einer 80er-Strecke mit 242 km/h gemessen, abzüglich Toleranz sind das 153 km/h zu schnell! Ein anderer Sportsfreund hat im letzten Jahr eine völlig neue Disziplin der Disziplinlosigkeit begründet, eine Art Formel 1 rückwärts. Er ist rückwärts mit 56 Sachen in eine Kontrolle gebrettert. Nicht zuletzt kann eine fehlerhafte Radarfalle sogar zu einem Instrument des Engagements der Bürger für ihr Gemeinwesen werden: Eine Stichprobe hat vor einiger Zeit in fünf Städten 30 000 mangelhafte Bußgeldbescheide ergeben. Damit wird die Strafe zur Spende. Möglicherweise sind die Geräte auch psychologisch wertvoll. Wer möchte in den Zeiten der Preisverleihungen und roten Teppiche nicht auch mal im Blitzlichtgewitter stehen. Nachts auf der Autobahn kann sich jeder blitzen lassen. Er muss nur richtig doll aufdrehen.

Manche Sätze sind uns derart geläufig, dass wir spontan meinen, da spricht der Volksmund. Im folgenden Beispiel ist zwar nicht ganz klar, welcher Autor der wirkliche Urheber ist, das Volk war's jedenfalls nicht. Es gibt eine klassische Definition von Eifersucht. Sie wird dem Theologen Schleiermacher oder auch dem österreichischen Dichter Grillparzer zugeschrieben, stammt aber wohl eher von einem gewissen H. Kurz, der sie 1917 in seinem Werk „Spanisches Theater" aufgeschrieben hat, wobei er sich vermutlich auf den Spanier Cervantes bezieht. Alles klar? Ist auch nicht so wichtig. Aber den Spruch kennt jeder:

Eifersucht ...

... ist eine Leidenschaft, die mit Eifer sucht, was Leiden schafft." Ein spektakulärer Fall: Die US-Astronautin Lisa Nowak. Sie hat sich mit sehr viel Eifer eine Menge Leiden geschaffen. Ein Pfefferspray-Angriff auf ihre vermeintliche Nebenbuhlerin brachte ihr fürs Erste eine Anklage wegen versuchten Mordes ein. Dabei gehört doch die Eifersucht zum Kosmos der Gefühle wie die Schwerkraft zum Universum. Das heißt, normale Eifersucht ist nicht nur ganz normal, sie ist einfach nur die dunkle Seite der wahren Liebe. Das sagt zumindest die Psychologie der Neuzeit. Lange Zeit war Eifersucht verpönt als frühkindlicher Dachschaden, als Zeichen von Schwäche. Sie gilt auch als traditionelles Motiv für Mord und Totschlag. Schon ein gewisser Othello hat ja bekanntlich seine Desdemona aus Eifersucht erwürgt. Selbst wenn das nur eine Möchtegern-Phantasie eines Autors namens Shakespeare war, bis heute gilt Eifersucht als geradezu kriminell. Nun gibt es tatsächlich und real immer wieder schreckliche Beziehungstaten – aber andererseits geben achtzig Prozent aller deutschen Frauen und Männer zu, eifersüchtig zu sein. Und eine wissenschaftlich gesicherte Erkenntnis ist, dass Beziehungen eifersüchtiger Paare länger halten. Es geht also vor allem darum, dass die grundsätzlich positive Eifersucht nicht außer Kontrolle gerät wie ein kaputtes Apollo-Raumschiff. Hollywood-Star Melanie Griffith soll die Autos der Filmpartnerinnen ihres Mannes Antonio Banderas mit der Spraydose verziert haben. Das ist nur Sachbeschädigung, aber schlimm genug. Gewalt ist noch schlimmer, und Intim-Spionage geht meistens voll nach hinten los. Ein Freund von mir hat sich in einer Krisensituation mal hinreißen lassen, die E-Mails seiner Freundin einzusehen. Sein Verdacht wurde bestätigt, und sie hat ihn verlassen. Was kann man tun, damit aus dem Leiden „Eifersucht" keine Krankheit wird? Donatella Marazziti von der Uni Pisa hat das Blut von ganz besonders eifersüchtigen Studenten untersucht. Ergebnis: Der Botenstoff Serotonin war bei den Heißblütigen knapper als bei anderen. Dieses Glückshormon kann übrigens jeder selbst „herstellen", wenn er zum Beispiel Schokolade isst. Das allerdings könnte nun wieder zur Fettleibigkeit führen und diese wiederum dazu, dass der geliebte Partner am Ende schließlich noch einen wirklichen Grund zur Eifersucht liefert, obwohl man selbst schon vor lauter Serotonin überhaupt nicht mehr eifersüchtig ist. Verzwickte Angelegenheit. Wie schrieb schon der passionierte Eifersüchtler Goethe: „Die Eifersucht quält manches Haus und trägt am Ende doch nichts aus als doppelt Wehe."

Die eigentlich griffige Formulierung „vom ich zum wir" wird für viele Ostdeutsche abgegriffen und ideologisch belastet sein. „Der Schritt vom ich zum wir" war dort lange Zeit eine nervige Dauer-Losung auf dem Weg zum Kollektivmenschen. Inzwischen habe ich gehört, dass einige Autoren und (Nach-)Denker, allerdings unter anderen Vorzeichen, auf diese griffige Formel zurückkommen. Wahrscheinlich als Gegenbewegung zu der immer noch vorherrschenden Alltagsmaxime „vom ich zum ich". Unabhängig davon könnte ich mir aber auch vorstellen, mal wieder öfter einen ganz anderen Schritt zu machen, und zwar den:

Vom Du zum Sie

Mein Sohn sagte mal zu einer Kindergärtnerin: „Du, Frau Weißbach, Mittagsschlaf ist doof." Das war mir unangenehm. Nicht wegen eines pädagogischen Versagens, nein, es war die unkonventionelle Anrede. Aber Frau Weißbach sah das nicht verbissen, und außerdem hatte sie mein Kind ja auch geduzt. Das ist schon ein paar Jahre her. Heute werden verbale Höflichkeits-Hierarchien grundsätzlich in Frage gestellt. Ein deutsches Gericht hat von Amtswegen festgestellt, dass man sogar Polizisten duzen darf. Allerdings nur unter bestimmten Umständen. Die bestehen im Wesentlichen darin, dass man Dieter Bohlen ist und sowieso zu allen „Du" sagt. Aber auch in der Wirtschaft greift das „Du" um sich. Damit soll ein „Wir-Gefühl" gestärkt und verkrustete Strukturen gelockert werden. Mir wäre es ehrlich gesagt ziemlich egal, ob jemand zu mir sagt: „Sie sind gefeuert." Oder ganz locker: „Du bist gefeuert." Ich glaube nicht, dass mit allgemeiner Duzerei grundsätzlich etwas zu bewegen ist. Ja, aber in vielen anderen Ländern duzen sich doch auch alle! Falsch. Dort kennt man den Unterschied gar nicht. Fast gar nicht, denn die Amerikaner z. B. schaffen sehr wohl durch Anreden Distanz (Yes, Sir!), wenn sie wollen. Und das hat wohl auch seinen Sinn. Vor einiger Zeit saß ich in einem dieser knalligen Billigflieger. Das fidele Kabinenpersonal stellte sich vor wie auf einer Party: „Hi, ich bin die Nancy, das ist die Marion und der Guido, 'n echt toller Typ, steht da hinten, und vorn sitzt der ..." So eine lockere Veranstaltung ist echt Klasse. Aber im Flieger macht es mir eher Angst, weil ich denke, hoffentlich machen hier auch wirklich alle genau das, was ihr Kumpel im Cockpit sagt. Manche meinen, das „Du" auf der Arbeit ist professionell. Wer weiß. Vielleicht ist es mehr der urgermanische Kleinbürger-Wunsch, endlich ein „Weltbürger" zu sein. Mit deutscher Gründlichkeit, versteht sich. Und dann gibt's noch das „Du" der Eitelkeit. Ich finde es nur in Ausnahmen angemessen, mich vor der Kamera mit Stars zu duzen. Die zelebrierte Vertrautheit einer auserlesenen Clique schließt die ZuschauerInnen immer ein bisschen aus. Mir scheint jede Art von verordneter Verbrüderung bedenklich, sei es nun das moderne Manager-Gehabe oder ein plumpes Genossen-Gepolter, wie es schon in der untergegangenen „DuDuR" angesagt war. Ich bin froh, dass mir die deutsche Sprache vieles in den Mund legt, um selbst zu bestimmen, wem ich nah sein will und wem nicht und vor allem: wem ich Respekt zollen möchte (z. B. Senioren, die man mit einem „Du" durchaus entmündigen kann). „Du" und „Sie" helfen mir zuweilen „Ich" zu sein. Und das ist die gesunde Voraussetzung, gleichberechtigt „wir" zu werden.

„Durch dick und dünn gehen" hat nur sehr wenig mit dick und dünn zu tun. Ursprünglich bezieht sich die Sache darauf, dass man jemanden durchs Dickicht wie auch durch dünn bewaldete Gegenden begleitet. Für meinen Geschmack ist das aber nur die Ponyhof-Lesart. Die grobe Real-Variante steht in einer Schrift von 1651: „... durch dick und dünn, durch Koth und Wasser." Ich benutze diese Redensart lieber im übertragenen, sprich feingeistigen bzw. feinköstlichen Sinne:

Durch dick und dünn

Als ich klein war, galt dick sein noch als Zeichen von Wohlstand. Man sagt ja auch, dieser oder jener sieht „wohl" aus und meint damit auf keinen Fall schlank. Nach den Hungerjahren fütterte die Kriegsgeneration ihre Kinder mit allem, was gut und vor allem fett war. Es gruselt mich immer noch, wenn ich an die hammelfleischigen Bohnensuppen meiner Kindheit denke. Mütter und Großmütter legten großen Wert darauf, dass unsereins auch die dicksten Fettstücke folgsam schluckte. Unsere Eltern waren oft traumatisiert und wollten uns instinktiv gegen kommende Hungersnöte wappnen. Ich hatte einen Schulfreund, der warf fettes Fleisch immer aus dem Fenster und traf eines Tages den eigenen Ernährer auf die Glatze. Der Junge hat fürchterliche Prügel bezogen. Nährwert war damals noch heilig. Heute leiden über vierzehn Millionen europäische Kinder und Jugendliche unter Übergewicht. In Deutschland ist es jedes dritte Kind. Diesmal sind es aber nicht die Eltern, die ihre lieben Kleinen zwanghaft aufpäppeln, es ist der Nachwuchs selbst, der freiwillig sein oft nicht geringes Taschengeld in Schokoriegel und Fastfood umsetzt. Die modernen Dickmacher sind überaus bunt, lecker und verführerisch. Die süße Industrie macht dicke Gewinne, und die Krankenkassen zahlen für die Folgen über neun Milliarden Euro pro Jahr. Altersdiabetes heißt deshalb so, weil nur Ältere an dieser Art der Zuckerkrankheit leiden – gelitten haben. Denn nun trifft es erstmalig in der Medizingeschichte auch übergewichtige Kinder. Ursachen: zu viel Zucker, zu wenig Bewegung. Die Karamell-Konzerne haben vor kurzem reagiert und erst mal freiwillige Werbe-Einschränkungen verkündet. Kinder unter zwölf sollen möglichst nicht mehr zum Kauf von Süßigkeiten verleitet werden. Die Appetit zügelnde Wirkung der Maßnahmen darf bezweifelt werden, wenngleich ich es gut finde, dass ein echtes Problembewusstsein entsteht. Man will wahrscheinlich nicht in dieselbe halbkriminelle Verführer-Ecke wie die Tabakindustrie gestellt werden. Im Übrigen schieben sich Hersteller, Werbeagenturen und Verbraucher gegenseitig die Schuld in die Schuhe. Schon wird wieder nach gesetzlichen Reglungen und Verboten gerufen. Aber die Geschichte hat gezeigt, ein Vater Staat, der alles regeln will, entmündigt seine Bürgerinnen und Bürger. Ich denke, wir Eltern sind gefordert. Der Süßigkeitswahn ist wohl auch anerzogen. Dass wir darauf schauen, was unsere Kinder an geistigen Snacks vor dem Fernseher und am Computer zu sich nehmen, ist mittlerweile normal. Was die Süßen am Kiosk verputzen, sollte uns nicht egal sein.

Mark Twain hat geschrieben: „Adam war ein Mensch; er wollte den Apfel nicht des Apfels wegen, sondern nur, weil er verboten war."

Lesen verboten!

Können Sie nicht lesen, liebe Leserinnen und Leser? Ich habe diesen Absatz doch ganz deutlich überschrieben mit: „Lesen verboten!" Und nun lesen Sie doch. Vielleicht lesen Sie ja gerade deshalb, denn, wie sagte der Schweizer Pädagoge Pestalozzi bereits vor zweihundert Jahren: „Das Verbot allein ist ein starkes Reizmittel für die Begierde." So gesehen macht es schon in der Kindererziehung Sinn, so wenig wie möglich und nur so viel wie nötig zu verbieten. Abgesehen vom legendären Reiz der verbotenen Früchte finde ich, dass jedes noch so gut gemeinte Verbot immer auch eine Entmündigung ist. Das kann ja beim ohnehin unmündigen Nachwuchs manchmal nötig sein (Messer, Gabel, Schere, Licht…), beim mündigen Bürger dagegen wäre ich mit Verboten außerordentlich vorsichtig. Doch immer mal wieder übertreffen sich Damen und Herren aus der Politik mit allen möglichen und unmöglichen Verbots-Ideen. Jeder, der was auf sich hält, möchte uns irgendwas von Staats wegen verbieten lassen. Computerspiele, Flugreisen, Glühbirnen, schnelles Autofahren, Alkohol für Jugendliche, Standby-Schalter und Rauchen im Auto. Mir scheint, dass mit einer Diktatur des Verbietens noch niemals etwas Konstruktives bewirkt worden ist. Die breite Palette phantasievoller Verbote in der DDR (Reiseverbot, Berlinverbot, Verbot von Musiken, Tänzen, Radiosendern, Zeitungen, Jeans usw.) führte regelmäßig früher oder später zur Aufhebung der Verbote und schließlich des gesamten Gemeinwesens, was nicht das Schlechteste daran war. Aber auch Verbote in Ländern mit unbegrenzten Freiheiten gehen oft nach hinten los: In den USA war der Alkohol schon mal grundsätzlich verboten, was einen Vollrausch von Mord und Totschlag zur Folge hatte. Heute ist es dort verboten, unter 21 Alkohol zu sich zu nehmen, was viele junge Amerikaner keineswegs von Suff-Reisen ins Ausland oder von exzessiven Privatorgien abhält. Die Vereinigten Staaten sind wohl überhaupt das Land mit den verbotensten Verboten. In Alaska ist es ausdrücklich untersagt, Flamingos zum Friseur mitzunehmen. In New Orleans ist es grundsätzlich verboten, einen Alligator am Hydranten festzubinden, und in New York drohen fürs Flirten in der Öffentlichkeit 25 Dollar Strafe. Unsere deutschen Verbotsaktivisten kommen komischerweise oftmals aus genau der Generation, die Ende der Sechzigerjahre die Welt von jeglichen (auch sinnvollen) Verboten befreien wollte. Ich habe mit meinem Sohn die angenehme Erfahrung gemacht, dass Hilfe, Zuwendung, Verständnis und Respekt, also eine Problemlösung auf Augenhöhe, durchaus dazu führen kann, dass sich bestimmte Dinge ganz von selbst verbieten.

Die Redensart, sich etwas hinters Ohr schreiben, soll mit rüden Sitten und Gebräuchen der Ritterzeit zu tun haben. Weil sich niemand was aufschreiben konnte (denn kaum einer konnte schreiben), wenn er sich was merken sollte, wurde er, sozusagen als mittelalterliches „Memo", geohrfeigt und an den Ohren gezogen. Die Sprachwissenschaftler haben übrigens herausgefunden, es gibt viel mehr Redewendungen mit „Ohr" als mit Auge. Ich hab mal beides zusammen gebracht:

Habt ein wachsames Auge aufs Ohr!

Ich saß mit einer Freundin im Straßencafé und hab mir die Menschen angeschaut, die vorbeigingen. Ich sag's ja ungern, aber das ist manchmal interessanter als fernsehen. Mir fiel auf, dass viele Leute irgendwie einen entrückten Gesichtsausdruck hatten. Manche lächelten in sich hinein, andere guckten beseelt und verliebt, wieder andere schauten sehr nachdenklich. „Das macht dieser herrliche Frühlingstag", sagte ich zu meiner Freundin. „Alle Vögel sind schon da, und die Menschen hören sie singen, das geht ans Herz." Meine Freundin antwortete trocken: „Die Leute hören alles Mögliche, nur nicht die Vögel. Ist dir nicht aufgefallen, dass so gut wie jeder von denen einen Knopf im Ohr hat, also so einen MP3-Player?" Sie hatte Recht. Der Ausdruck der Gesichter entsprach immer dem, was auf diesen digitalen Audiospeichern gerade abgespielt und gehört wurde. Die Leute guckten wie Liebeslied, wie Rock, Pop, Klassik, Hörbuchkrimi oder was auch immer. Ich weiß noch, wie mein Sohn vor Jahren unbedingt einen Discman brauchte. Wir haben dann tonnenweise CDs mit in den Urlaub geschleppt, und richtig funktioniert hat's auch nur, wenn man sich nicht allzu doll bewegte. Moderne Geräte tragen nicht mehr so auf und sind auch beim Joggen nicht aus dem Takt zu bringen. So weit, so gut. Aber die meisten Sachen, die uns Spaß machen, haben einen Haken. Und so ist es auch mit dem tönenden Knopf im Ohr. Die Mediziner warnen, dass gerade junge Leute die Musik viel zu laut hören. Schließlich ist der Ohrstöpsel, anders als noch beim Kopfhörer, sehr nahe am Trommelfell platziert. Die Lautstärke-Höchstgrenze für MP3-Player liegt unverständlicherweise höher als die zulässige Lärmbelastung beim Arbeitsschutz. Wenn die Hörgewohnheiten noch zehn Jahre lang so bleiben wie sie sind, meinen die Fachleute, dann werden bis zu zwanzig Prozent der Jugendlichen deutlich weniger hören, weil ihr Gehör dauerhaft geschädigt ist. Jeder von uns hat nur 20 000 Hörzellen, und Ersatzteile gibt's noch nicht mal im Download. Nun muss man nicht gleich in Panik verfallen, denn etwas weniger Druck auf die Ohren (man sollte ein Gespräch um einen herum immer noch bemerken) kann schon das Schlimmste verhindern. Außerdem ganz wichtig: Öfter mal eine Pause machen bei der individuellen Kopfbeschallung, und nicht ewig Dauerhören. Das menschliche Ohr braucht ab und zu auch Stille – oder wenigstens das dezente Zwitschern der Vögel im Frühling.

Ein Lieblingsthema vieler Nichtjugendlicher ist die sogenannte „Jugend von heute". Ein weites Feld, denn die Jugend von heute gibt es nur heute, und schon morgen ist sie die Jugend von gestern, wobei die Jungen von gestern die Alten von heute sind. Ewige Jugend gibt es leider nicht – aber immerhin gibt es:

Ewig Jugend

Die Bertelsmann-Stiftung hat mal erforscht, was die Erwachsenen von der Jugend halten. Mit einiger Bestürzung wurde Folgendes festgestellt: Der Jugendliche der Gegenwart ist zum großen Teil ein meist betrunkener, gewalttätiger, verantwortungsloser, kleinkrimineller, egoistischer, raffgieriger, unter Drogen stehender Vandale. Ich hab das natürlich etwas übertrieben und zugespitzt zusammengefasst – aber im Prinzip machen die Ergebnisse und vor allem einige Berichte darüber genau diesen Eindruck. Tausend deutsche Nichtjugendliche über 34 Jahren sind befragt worden. Ob das jetzt unbedingt sein musste, weiß ich nicht, aber dass Erwachsene ihre jeweilige junge Generation als soziale Fehlanzeige wahrnehmen, ist so neu nicht. Um es genau zu sagen: Das war schon immer so. „Beschränkt und unerfahren hält die Jugend sich für ein einzig auserwähltes Wesen und alles über alle sich erlaubt." Johann Wolfgang von Goethe. Dabei war der gewissermaßen ein Alt-68er. Also 1768, da hat er als Student und gelegentlicher Bürgerschreck die Kaufmannsstadt Leipzig unsicher gemacht. Auch spätere Jugendliche haben im Alter schlecht über junge Leute geredet: „Das Problem der heutigen Jugend besteht darin, dass sie sich nicht als Baufirma versteht, sondern als Abbruchunternehmen." Das klingt sehr vertraut und zeitgemäß, es ist aber schon eine ganze Weile her, dass der legendäre Schauspieler Marcello Mastroianni (1924–1996) so etwas von sich gab. In den späten Fünfzigerjahren haben sich die Erwachsenen über „Halbstarke" mokiert („Nieten in Nietenhosen"). Mich hat man als junger Mensch auch „Hippie-Braut" genannt. Das sollte ebenfalls kein Kompliment sein, wobei man sich in den Sechzigern bereits gesamtdeutsch einig war: Diese Jugend wäscht sich nicht. Woran liegt es, dass der schlimmste Feind der Jugend die vergangene Jugend ist? Der Maler Dalí antwortet: „Der größte Fehler der Jugend ist, dass man nicht mehr dazu gehört." Dass die Erwachsenen sich selbst für pflichtbewusst und geradezu vorbildlich halten, versteht sich von selbst. Dass die jungen Leute so etwas beknackt finden, liegt auf der Hand. Schon in der Bibel steht geschrieben: „Niemand soll dich wegen deiner Jugend gering schätzen." (Paulus, 1 Timotheus 4,12) Ich würde das allerdings kühn und gottesfürchtig auch umgekehrt predigen wollen: Alter an sich ist dann gefälligst auch keine Schande. Martin Luther, der vor 500 Jahren jung bzw. alt war, hat erkannt: „Wenn das Alter stark und die Jugend klug wär – das wär Geldes wert." Weil dies aber bis auf weiteres nicht zu erwarten ist, denke ich, beim Umgang mit anderen Generationen sind vor allem Ruhe und Gelassenheit – sprich: die Weisheit des Alters und der coole Witz der Jugend gefragt.

Es ist völlig normal, dass ununterbrochen fremde Worte in unsere Sprache übernommen werden. Meist kamen sie aus dem alten Rom, aus Frankreich und natürlich England und den USA. Einmal haben wir sogar NICHTS, also „null", in unseren Sprachschatz übernommen, und zwar aus dem Weltall. Ein Außerirdischer namens Alf war in den Achtzigern in einer TV-Serie gelandet und pflegte immer, wenn es problematisch wurde, zu sagen: „Null Problemo". Diesen Sprachreflex haben sich manche Politiker und andere Entscheidungsträger zu eigen gemacht – und zwar:

Mir nichts, dir nichts

Kann man etwas über Nichts schreiben? Jetzt kann man, denn die Welt wurde von einer Nachricht erschüttert, deren Inhalt genaugenommen Nichts war. Ich höre schon die ganz Schlauen sagen: Das ist doch nichts Besonderes. Mitteilungen, die nichts sind, außer Nichtigkeiten, können wir jeden Tag zu Tausenden hören, sehen und lesen. Mag sein, aber nun hat man auch im Weltraum wirklich mal nichts gefunden. Und zwar eine ganze Menge davon. Astronomen fanden ein Riesenloch im All, ein Nichts von derart gigantischer Größe, dass alle bisherigen Vorstellungen der Forscher über den nächsten Sternhaufen geworfen werden. Das Astro-Loch hat eine für mich sowieso nicht vorstellbare Größe von einer Milliarde Lichtjahren. Dagegen ist meine Joggingstrecke, die ich schon als recht lang empfinde, geradezu ein Nichts. Merke: Nichts ist also doch was. Natürlich nur relativ gesehen und unter bestimmten Umständen. Wenn zwei Menschen versichern, sie hätten aber auch gar nichts miteinander, dann muss man sich eigentlich fragen, ob da unter gewissen Umständen nicht doch etwas war. Eine Gedächtnislücke ist zwar auch ein Loch, aber vielleicht eher ein Schlüsselloch? Da kann man nicht hindurchschauen, um vielleicht doch was zu sehen. Schon der große Kurt Tucholsky hat vor achtzig Jahren Wesentliches über das Loch gedacht und geschrieben: „Wenn der Mensch ‚Loch' hört, bekommt er Assoziationen", manche würden an ein Knopfloch denken, meint der Dichter. Oder an einen Ex-Mann, meine ich. Tucholsky hat sich auch mit dem möglichen Ende von Löchern beschäftigt: „Wenn ein Loch zugestopft wird: wo bleibt es dann? Drückt es seitwärts in die Materie? oder läuft es zu einem andern Loch, um ihm sein Leid zu klagen …?" Das ist sicher übertrieben, denn mir scheint, nur auserwählte Löcher können sprechen, aber man darf auch die Durchschnittslöcher keinesfalls unterschätzen. Wenn ein Nichts wirklich nichts wäre, gäbe es dann unter dem Stichwort „Nichts" 104 Millionen Einträge im Internet? Es ist überliefert, dass man sogar mit nichts was werden kann: „Wer nichts wird, wird Wirt." Auch einer Bundeskanzlerin kann Nichts nichts schaden: Angela Merkel hat mal gesagt: „Ich bin jetzt siebzehn Jahre in der Politik, mit mir kann man NICHTS mehr anfangen." Als Physikerin in der Forschung, versteht sich. Und damit sind wir dann wieder bei der Wissenschaft und dem Nichts im Weltraum. Kann man aus diesem Nichts was lernen? Ich denke ja, und zwar: Vorsicht ist geboten, wenn es heißt, da war nichts und da ist nichts. Vielleicht lauert ja doch ein Ungeheuer im Loch Ness. Und wer hat im Weltraum eine solche Lücke hinterlassen? Ich weiß, dass ich nichts weiß – nur eines ist sicher: Von Nichts kommt nichts.

Dumme Gedanken können zur plappernden Gewalt werden, wenn sie die Sprache ergreifen. In früheren Zeiten bezeichnete das Wort „blond" einfach nur eine Haarfarbe. Heute hat es oftmals die Bedeutung von „doof". Aber ich bin nur

blond, nicht blöd!

Komme ich doch gerade dazu, wie ein Kollege zum anderen sagt: „Wieso stellt eine Blondine ihren Computer immer auf den Fußboden? Damit er nicht abstürzen kann!" Die beiden haben sehr gelacht. Ich habe gesagt: „Vom Tisch hätte der Rechner rein theoretisch ja wirklich abstürzen können, also was ist so schlimm daran?" Die Herren bekamen einen Lachkrampf. Dann erzählten sie mir, dass sie sich kurz vor meinem Eintreffen folgenden Witz erzählt hatten: „Was sagt eine Blondine, wenn man einen Blondinenwitz erzählt?" Sie sagt: „Was ist denn so schlimm daran?" Alle Welt glaubt: Blond ist blöd. Und nun ist auch noch eine Studie erschienen, die belegt, dass Blondinen dumm machen! Jedenfalls Männer. Denen hat man Bilder von Blondinen gezeigt sowie vorher und nachher je einen Intelligenztest gemacht. Nach dem Anblick blonder Frauen hatten die Herren deutlich schlechter abgeschnitten als zuvor. Wenn das stimmt, dann sehnen sich die Männer schon seit Jahrtausenden nach Dummheit. Schließlich war „blond" schon in der Antike ein absolutes Schönheitsideal. In Rom handelte man mit dem Goldhaar germanischer Sklavinnen. Die Kunstgeschichte ist voll mit heiligen blonden Damen. Diverse Göttinnen und sogar die Gottesmutter Maria (immerhin eine Frau aus dem nahen Osten) sind meist blond überliefert. Blond steht für Unschuld und ewige Jugend. Und: Unter dem blonden Haar steckt wohl auch eine erotische Botschaft. Genau das hat die Europäer gerettet. Ohne Blondinen wäre unser Kontinent in der letzten Eiszeit wahrscheinlich entvölkert worden. Doch japanische Forscher haben herausgefunden, dass genau in dieser menschenfeindlichen Zeit die allerersten Blond-Mutationen auftauchten, quasi als Reaktion auf die Existenzbedrohung. Männer wurden immer knapper, weil sie nicht in der warmen Höhle sitzen konnten, sondern bei der Jagd kalte Füße bekamen. Nur eine geradezu magische, bezaubernde Anziehung der Blondinen auf die wenigen Männer ließ den Nordmenschen überleben. Beim Signal „blond" wurde das männliche Gehirn ausgeschaltet, damit sich der Fortpflanzungstrieb ungehindert entfalten konnte. Das war die Rettung. Danke, Blondinen! Damit ist klar: Blonde Frauen sind höchstens scheindoof, sie werden von den Männern nur beschränkt wahrgenommen, weil diese unter Blondeinwirkung selbst beschränkt sind. Hochintelligent und blond zugleich sind und waren hingegen z. B.: Marlene Dietrich, Ursula von der Leyen, Barbara Schöneberger, Hillary Clinton, Marilyn Monroe. Letztere soll einen IQ von 170 gehabt haben. Ich hab allerdings gelesen, dass sie eigentlich brünett war. Echtes blond ist sowieso selten, zwei bis zehn Prozent der Weltbevölkerung, mehr nicht. Tendenz abnehmend. Auch ich bin nicht wirklich blond. Ich find's einfach nur schön.

In den vergangenen Jahrzehnten hat sich die Werbebranche zunehmend zu einer Art Wort- und Spruchfabrik entwickelt. Vieles ging uns zumindest zeitweise flott von der Zunge und ließ sich Pointen setzend in allen möglichen Lebenslagen verwenden. Hier nur eine klitzekleine Auswahl aus fünfzig Jahren Werbung. „Quadratisch, praktisch, gut", „Wer wird denn gleich in die Luft gehen", „der Tiger im Tank", „der Duft der großen weiten Welt", „schmilzt im Mund und nicht auf der Hand", „er läuft und läuft und läuft" und viele andere Nettigkeiten. Einen Slogan gibt es, dem habe ich mich verweigert, weil ich nämlich denke:

Geiz ist nicht geil

Ich hoffe sehr, dass die „Geiz-ist-geil-Zeiten" langsam vorüber gehen, denn ich finde, Geiz war niemals geil. Ganz besonders nicht für diejenigen, die geizig sein müssen. Oder sagen wir lieber sparsam, weil sie z. B. zu den Millionen von Haushalten in Deutschland gehören, die oftmals durch plötzliche Arbeitslosigkeit in die private Schuldenfalle geraten sind. Ich kann mir nur schwer vorstellen, dass jemand, der jeden Cent dreimal umdrehen muss, das auch noch „geil" findet. Wenn das so ist, dann kann der ganze geile Geiz eigentlich nur eine Fun-Sportart der Besserverdienenden sein. Ein altes Sprichwort spricht dafür: „Der Geizige ist ein reicher Bettler." Nun kann ja jeder mit seinem Geld machen, was er will – also auch damit geizen. Andererseits steht schon im Alten Testament geschrieben: „Ein geiziges Auge trocknet die Seele aus." Bitte verstehen Sie mich nicht falsch, liebe Leserinnen und Leser, ich habe überhaupt nichts gegen vernünftige Sparsamkeit. Aber geiler Geiz ist etwas ganz anderes: nämlich nackte Gier. Und so scheint mir dieser giergeizige Zeitgeist höchst fragwürdig bis gemeingefährlich zu sein. Wenn es allenthalben nur noch um blindwütiges Kostensenken und Gewinnmachen geht, dann müssen wir uns nicht über Gammelfleisch, Schrott-LKWs und Giftmüll-Skandale wundern. Wenn sich der allgemeine Gier-Trend fortsetzt, wird bald der erste Superbillig-Flieger vom Himmel fallen, weil der Ein-Euro-Pilot nebenbei noch als Stewardess arbeiten musste. Und vor allem: Geiler Geiz ist teuer. Er kostet uns viel Geld und eine Menge Arbeitsplätze. Einer meiner Bekannten hat glücklicherweise reichlich Arbeit und suchte deshalb eine Haushaltshilfe. Natürlich mangelte es nicht an freundlichen Ratschlägen. Empfohlen wurden zahlreiche, meist ausländische Arbeitskräfte, die gewissermaßen in einer steuerlichen Grauzone schwarz putzen kommen. Mein Bekannter hat sich dann anders und gegen den Zeitgeist entschieden. Er engagierte für Haus und Hof eine männliche (!) Fachkraft, einen gelernten Hauswirtschaftler, der professionell wie ein Handwerksmeister die Hausarbeit verrichtet. Auf Rechnung, versteht sich. Und die ist relativ hoch. Aber die Logik meines Freundes geht so: Solange er in Lohn und Brot ist, findet er es besser, sich den Profi-Hausmann zu leisten als dessen Arbeitslosigkeit mitzufinanzieren. Und im Gegenzug würde mein Freund sich natürlich freuen, für seine Tätigkeiten ähnlich denkende Auftraggeber zu finden. Dieses tätige Solidaritätsprinzip funktioniert natürlich nur, wenn viele so denken und nicht immer nur fanatisch „Geiz ist geil!“ schreien. Man könnte aber auch sagen, es wird niemals klappen. Weil der Mensch ganz anders ist und die Wirklichkeit viel komplizierter. Aber schön wär's schon.

Artikel 1, Absatz 1 des Grundgesetzes lautet: „Die Würde des Menschen ist unantastbar." Gerade solche hehren Worte wecken bei vielen Autoren den fast schon manischen Wunsch, ihre verfassungsmäßigen Rechte auf künstlerische Freiheit wahrzunehmen, das heißt, den edlen Satz zu verballhornen. Zum Beispiel so:

Die Würde der Marke ist unantastbar

Dass Ostern vor der Tür steht, erkennt man vor allem daran, dass der dazugehörige Hase wieder oft im Fernsehen zu sehen ist. Er bringt allerdings zunehmend weniger Eier, sondern immer mehr Handys, Schokoriegel, Plastikpuppen, Spielcomputer, Action-Figuren, Joghurtbecher und andere Markenartikel. Ein Osterhase hat in diesen Tagen unheimlich viel zu tragen, vor allem als Werbeträger. Eigentlich hat er eher zu schleppen, aber dann wäre er ein Schlepper, und das klingt nicht gut. Für die Marketingleute ist Ostern wie Weihnachten, gewissermaßen ein Geschenk des Himmels. Die Werbung geht jetzt noch gnadenloser als sonst auf die lieben kleinen Konsumenten los. Der Käufer-Nachwuchs wird planmäßig auf Shoppen programmiert. Ungefähr 5,5 Millionen Kinder zwischen sechs und zwölf leben in Deutschland. Seit man weiß, dass es immer weniger werden, werden sie immer heißer umkämpft, denn Kinder sind leichter zu begeistern als Warentest-geschädigte Erwachsene. Ab drei kann der Nachwuchs nämlich schon ein Markenlogo erkennen, aber noch nicht den Unterschied zwischen Werbung und TV-Programm. Das bleibt so bis zum zarten Alter von sechs. So gesehen ist jede Werbung für diese Kinder naturgemäß Schleichwerbung. Dabei gilt die Grundregel: Wer sich früh einschleicht, hat seine Marke mit hoher Wahrscheinlichkeit ein Leben lang platziert. Das alles ist nicht neu. Als mein

Sohn noch im werbe-verwundbaren Alter war, hatte ich genau die gleichen Kämpfe durchzustehen wie sie heute üblich sind. Das heißt, nicht ganz. Wie viele Familien aus den neuen Ländern nahmen wir erst einmal an einem konsumhistorisch einmaligen Experiment teil. Auch unsere Kinder wurden jahrelang den TV-Werbe-Spots ausgesetzt, nur dass man dann in der „Kaufhalle" die bunten Sachen eben nicht kaufen konnte. Mit Einführung der Marktwirtschaft in Ostdeutschland durfte dann endlich die eine oder andere West-Leckerei praktisch erprobt werden: Die Tochter einer Berliner Freundin war schwer enttäuscht: „Dit schmeckt ja jaa nich wie inne Werbung, ey!" Trotz dieser zusätzlichen Schulung im Umgang mit der pädagogischen Konsum-Psychologie wurde ich in Computer-Kriegen, Turnschuh-Krisen und Quengel-Attacken an der Supermarktkasse immer wieder vernichtend geschlagen. Ich war zu oft wehrlos gegen das: „Die anderen haben das alle, nur ich nicht." Ich habe von einem Verwaltungsgerichtsurteil in Lüneburg gelesen. Es ging darum, ob dem Kind einer Sozialhilfeempfängerin ein Nobel-Marken-Schulranzen zustünde. Das Gericht sagte: Ja. Und die Begründung lautete: Dem Kind müsse eine „Lebensführung ermöglicht werden, die der Würde des Menschen entspricht". Ich will in diesem umstrittenen Fall nicht auch noch urteilen – aber freisprechen würde ich uns alle nicht.

Die digitale Neuzeit hat auch viele neue Wörter hervorgebracht, die für mich ganze Bücher mit sieben Siegeln sind. Und dabei meine ich nicht das Netzchinesisch der Nerds und Facebook-Freunde, nein, es geht mir um eine völlig neue Wortart. Bisher hatten wir u. a. Hauptwörter, Eigenschaftswörter, Tätigkeitswörter, Umstandswörter, und dann kam eine besonders umständliche Art dazu: die Passwörter. Ein außerordentlich unpässliches Passwort heißt:

Grpfmusau107+Ölp

Trifft ein Mathematiklehrer einen ehemaligen Schüler, der eine akute Zahlenschwäche hat. Der Ex-Zögling trägt im Gegensatz zum Pädagogen einen edlen Zwirn und fährt ein Auto, das auf astronomischen Reichtum schließen lässt. Der Lehrer fragt seinen Ex-Zögling, wie der denn trotz seiner Zahlen-Allergie derartige Summen verdient habe. „Ganz einfach", sagt der andere, „ich bin Kaufmann geworden und kaufe Herrensocken für einen Euro das Stück, die ich dann für drei Euro weiterverkaufe. Von den drei Prozent Gewinn kann ich gut leben." Meine Zahlenschwäche ist nicht halb so verheerend wie in diesem alten Lehrerwitz, aber die vielen Kennzahlen und Passwörter kann ich mir beim besten Willen nicht merken. Ich dachte immer, Automaten und Computer sind dazu da, unser Gehirn zu entlasten. Mittlerweile habe ich den Eindruck, dass ich zur Verwaltung aller Geheimcodes ein eigenes Elektronengehirn bräuchte. Allein die Speicherung der Geheimzahlen für Bankkarten ist eine Wissenschaft für sich. Ich hab zwar blaue Augen, aber ich bin nicht blauäugig bzw. dämlich. Anders gesagt, ich schreibe die Zahl natürlich nicht auf die Karte. Ich weiß ja, dass böse Menschen oftmals keine Zahlenschwäche haben. Also habe ich mein arithmetisches Geheimnis ganz geheim verschlüsselt, und zwar in einer Telefonnummer. Das machen viele Leute, aber mir ist nichts Besseres eingefallen. Listigerweise habe ich darauf geachtet, dass ein Teil der Nummer real ist.

Nur einige Ziffern entsprechen meiner Geheimzahl. Weil sich bei mir jedoch die Zahlen öfter geändert haben, musste ich mir eine ganze Menge rätselhafter Telefonnummern notieren. Das verschaffte mir z. B. das Vergnügen, auf einer Entbindungsstation zu fragen, ob ich einen Termin zur Inspektion bekommen kann. Für mein Auto, versteht sich. Eselsbrücken helfen, so was zu verhindern. Ich hatte mal die Geheimzahl 1830. Die konnte ich mir gut merken, weil 1830 der Rasenmäher erfunden worden war. Ich brauchte allerdings eineinhalb Jahre Zeit, um darauf zu kommen. Dann hab ich die dazugehörige EC-Karte verloren. Meine Hausnummer geteilt durch 2 mal 34 entspricht meiner jetzigen Geheimzahl. Leider werde ich in Kürze umziehen. Geheimzahl-Schwierigkeiten am Automaten sind allerdings geradezu lächerlich gegenüber den Passwortorgien im Internet. Banking, Service, Einkauf – im Netz ist alles möglich, aber eben nur mit Passwort. Wie ernst die Sache ist, erkennt man schon daran, dass Geheimtipps für das Erstellen von Passwörtern z. B. auf der Website des Verfassungsschutzes (Niedersachsen) abrufbar sind. Nach allen Regeln der Passwortkunst unserer Schlapphüte hab ich mir ein Passwort gebastelt. Das ist zwar auch nicht unknackbar – aber doch wenigstens beknackt: Grpfmusau107+Ölp. Dieses ziemlich sichere Passwort hat allerdings einen entscheidenden Nachteil: Seit Sie, liebe Leserinnen und Leser, es jetzt hier gelesen haben, ist es nicht mehr geheim und also unpässlich.

Es gibt Sätze, die vergisst man nie, obwohl sie überhaupt nicht mehr zeitgemäß sind: „Und die Mutter blicket stumm auf dem ganzen Tisch herum", heißt es im legendären als der Zappel-Philipp samt Stuhl, Tisch und Mahlzeit böse auf den Fußboden kracht. Die Mutter möchte ich sehen, die heutzutage stumm blicket, wenn ihr Kind Ähnliches zuwege bringt. Der Frankfurter Arzt Heinrich Hoffmann hat seine Kinderfibel 1844 für seinen dreijährigen Sohn gemalt und geschrieben. Darin können die lieben und weniger lieben Kleinen erleben, was alles passiert, wenn man nicht auf die Erwachsenen hört, wenn man sich quasi antiautoritär gebärdet. Wer beispielsweise trotz Ermahnung am Daumen lutscht, in die Luft guckt, mit Streichhölzern spielt oder seine Suppe nicht essen will, der wird verhungern, verbrennen, ins tiefe Wasser fallen, oder es wird ihm der Daumen abgeschnitten. Wenn das Buch nicht ein Klassiker wäre, stünde es vermutlich auf der Liste jugendgefährdender Schriften. Und die Erziehung zum blinden Gehorsam der Kinder hat ja in den nachfolgenden hundert Jahren auch wirklich nicht viel Gutes über die Welt gebracht. Als Gegenbewegung dazu entstand 1967 die Theorie und Praxis der antiautoritären Erziehung. Von nun an war das Gegenteil angesagt. Es begann die Erziehung zum blinden Gehorsam der Eltern. Wurde bisher versucht, den Willen des Kindes zu brechen, ging es nun darum, dasselbe mit Mutter oder Vater zu versuchen. Aber auch die Dressur der Eltern ist Gott sei Dank gescheitert. Das Ergebnis der reinen antiautoritären Lehre sollten Menschen sein, die selbstständig, selbstbewusst, offen und ehrlich sind. Selbstständig und selbstbewusst sind manche Vierzigjährigen allemal. Aber der Edelmensch ist wieder nicht erschaffen worden. In dem Maße, wie der Nachwuchs nachwuchs, verloren viele Eltern zunehmend die Lust an der Sache. In den Zeiten von PISA sorgte der ehemalige Internatsleiter,

Dr. Bueb, mit seinem „Lob der Disziplin" für heftige Diskussionen. Für manche ein geistiger Struwwelpeter, für andere die Rettung der abendländischen Werte. Als Mutter hab mich allen Erziehungsextremen verschlossen. Mein Sohn war auch ohne gängige Theorie manches Mal schwierig genug. Blinden Gehorsam wollte ich in jeder Form vermeiden. Mir ging es um weitsichtigen und einsichtigen Gehorsam. Zur Kindererziehung taugt keine Rechthaber-Ideologie. Ich hab's stattdessen lieber mit Herrn Fröbel, dem Erfinder des Kindergartens gehalten. „Erziehung ist Beispiel und Liebe. Sonst nichts."

Unser Deutsch ist in den vergangenen Jahrzehnten immer englischer geworden. Schon in meinen allerersten Kolumnen (2003) hab ich mich mit diesem Thema beschäftigt und am Ende festgestellt: Ich sehe die anglo-germanische Sprachpanscherei relativ gelassen. Sowas kommt und geht. Vor zweihundertfünfzig Jahren war Französisch total hip *und wurde super* gehyped. *Deutsche Muttersprache war* merde. *Wir Deutschen haben wahrscheinlich häufiger kulturelle Minderwertigkeitskomplexe.* So what. *Wie gesagt, das kommt und geht. Mittlerweile gibt es Neuigkeiten:*

Bad news is good news

… deshalb die schlechte Nachricht zuerst. Ich habe auch in diesem Jahr zu Weihnachten einige „X-MAS"-Karten bekommen, und ein Freund wünschte mir, dass ich auch „in" 2012 gesund bleiben solle. Ach ja, da war sie wieder, unsere denglische Mother-Sprache. Ich erinnere (deutsch: ich erinnere mich), dass ich in meinen Kolumnen schon mehrfach betont habe, wie *crazy* ich die unfeine englische Art von sprachlicher Wichtigtuerei finde. Ohne mich selbst jetzt auch noch wichtig zu machen – aber zwei Werbesprüche, die mir besonders doof schienen, sind inzwischen vom global-provinziellen Jahrmarkt der Eitelkeiten verschwunden: „*Powered by emotion*" und „*Come in and find out*". Dass die betreffenden Firmen ihre Werbung mit deutschen Wörtern und Wendungen *relaunched* haben, ist wirklich nicht mein Verdienst. Man hat schlicht und einfach herausgefunden, dass es nicht ausreicht, wenn sich die Kreativen in ihren *Lofts* daran berauschen, das Problem sind die zurückgebliebenen Konsumenten. Sie verstehen weltoffene Botschaften oftmals gar nicht oder falsch. Eine Studie hat das deutlich gezeigt: „*Welcome to experience*" deutete ein ungesund hoher Prozentsatz der Befragten als „Willkommen zum Experiment". Sowas kann z. B. für eine Biermarke wirklich nicht verkaufsfördernd sein. Sehr unterhaltsam auch das „*Feel the difference*" einer großen Automarke. Besonders technisch Interessierte übersetzten: „Fühle das Differential!" Preisbewusste Verbraucher tippten mehr in Richtung „Preisdifferenz". Das ist aber alles nicht so schlimm. Die Fachleute sprechen vom Pop-Effekt; das heißt: So ganz genau versteht es keiner – aber alle finden's toll. Die Erkenntnis ist aber erstens nicht neu, und zweitens stimmt sie nicht. Schon seit Ewigkeiten weiß beispielsweise jeder Volontär einer TV-Unterhaltungsredaktion, dass man mit englischsprachiger Musik in Deutschland nur ganz selten hohe Einschaltquoten erreicht. Da kann ein Popsong noch so hoch in den Charts sein, eine kleine Melodie aus Kastelruth ist meistens erfolgreicher. Dieses Zuschauerverhalten ist stabil und betrifft im statistischen Durchschnitt alle Landesteile gleichermaßen. Natürlich ticken junge Leute etwas anders. Deshalb sind sie das Zielgruppen-Feigenblatt der Denglisch-

Freaks. Und nun die gute Nachricht: Der halbwüchsige Sohn einer Freundin hat zu Weihnachten einen Computer bekommen. Ich wollte ihn zielgruppengenau in ein Gespräch verwickeln: Na, geiler Computer, was? Er antworte: „Ja, toller Rechner." Wow!

Weihnachten ist das „Fest des Friedens", aber wer am Heiligen Abend die Tagesschau sieht, möchte manchmal daran zweifeln. Doch zum Verzweifeln gibt es keinen Grund. Auch wenn wir vom „Weltfrieden" noch weit entfernt sind – unser Planet ist in den letzten Jahren wesentlich friedlicher geworden. Hierzulande ist Frieden nicht mehr nur ein frommer Weihnachtswunsch. Die Wünsche der Menschenkinder zu Weihnachten sagen auch einiges über die Zeit, in der sie „gewünscht" werden. Ein richtiger Wunschzettel beginnt mit „Liebes Christkind" oder

Lieber Weihnachtsmann!

Diese Karte an den Weihnachtsmann gelangte zufällig in meine Hände. Ich habe mir die Veröffentlichung beim Absender Nicky U. (8) ausdrücklich genehmigen lassen. Ich glaube, der Weihnachtsmann und das Christkind können auch zwischen den Zeilen von Wunschzetteln einiges lesen. Müssen Sie manchmal auch. Nicky z. B. schreibt „Sernenzerstörer", meint aber einen Sternenzerstörer aus der Star Wars-Saga. Er wünscht sich zum Fest des Friedens also ein Kriegsraumschiff. Gewalt unterm Christbaum? Wenn der Weihnachtsmann versucht, die Sache auszudiskutieren, wird er Ostern noch nicht fertig sein. Ich habe erfahren, dass Nicky schon mehrere Militärraumschiffe in seinem Bestand hat

Liber Weihnachtsmann
ich eins Kicky
kanst du dich
an mich erinern.
ich wünsche mir
einen Lego
Sternenzerstörer
bite Liber
weinhachtsmann
liping in mir
Es ist mein
Einzigerwunch.

Karl Friedrich SCHINKEL 55 Deutschland

An den
Weihnachtsmann
Weihnachtspostfiliale
16798 Himmelpfort

und trotzdem nicht zu rüpelhaftem Verhalten neigt. Es muss also noch andere Umstände geben, die einen Charakter formen. Vielleicht Liebe und Zuwendung. Im Internet fand ich eine Sammlung vieler anderer Weihnachtswünsche. „Lieber Weihnachtsmann, ich wünsche mir eine neue Action Man Puppe. Dein Willy“. Oder Sören: „Ich wünsche mir einen Porsche als ferngesteuert, 30 cm lang“. Das sind eher die fröhlichen Klassiker – aber es gibt auch Wunschmischungen, die mich nachdenklich machen. „Ich wünsche mir das Computerspiel Schlacht um Mittelerde 2, dass meine Familie gesund bleibt und meine Operation gut verläuft. Dein Markus“. Oder: „Ich heiße Jule und wünsche mir, dass meine Eltern wieder Geld für ein Auto haben. Papa soll wieder Arbeit haben. Mama ist ‚traurich‘ weil sie nur in der Wohnung sitzt ohne Auto.“ Felix wünscht sich, „dass meine Familie nie wieder streitet – und dann noch eine Maus oder ein Aquarium bitte.“ Auf den Wunschzetteln, die ich einsehen konnte,

fanden sich jede Menge Spielkonsolen, ein Swimmingpool, ein Baumhaus, mehrfach Gesundheit und ein Mal schulfrei für immer. Mir scheint, genaugenommen ist kein Wunsch unerwünscht oder wünschenswerter als ein anderer. Unsere Welt besteht aus vielen sehr verschiedenen Wünschen – aber sie ist kein verwunschener Ort. Jedenfalls nie auf Dauer. Der Weihnachtsmann-Ort 16798 Himmelpfort, wohin der kleine Nick geschrieben hat, ist ein märchenhaftes Dorf in der Mark Brandenburg. Bis zum Ende des Kalten Krieges waren hier sowjetische SS-20-Atomraketen stationiert. Aber wer will das heute noch wissen?
Namen außer Nicky geändert

Der Dichter Novalis (1772–1801, eigentlich Georg Philipp Friedrich Freiherr von Hardenberg) hat einmal geschrieben:

Ein Kind ist sichtbar gewordene Liebe

Ich finde, das ist wunderschön formuliert – aber wenn man diesen Satz zu Ende denkt, dann haben wir ein sehr großes und unschönes Problem: Die Geburtenrate ist mittlerweile auf 1,3 Kinder pro Frau gesunken, es gibt also zu wenig Kinder, folglich gibt es zu wenig Liebe unter uns Deutschen. Wir sind nicht nur Weltspitze im Verhindern von Geburten, wir können auch europaweit auf eine der höchsten Scheidungsraten verweisen. Unser Leben wird ganz offensichtlich immer liebloser. Statistiker, Soziologen und andere Gelehrte machen sich viele Gedanken darüber. Ein Bevölkerungswissenschaftler meinte kürzlich, die Gesellschaft habe die Ideale vergessen, die man früher für selbstverständlich hielt, nämlich lebenslange Treue und Liebe. Mag sein. Früher allerdings, als man diese Ideale noch für selbstverständlich hielt, war das Leben auch noch wesentlich kürzer. Lebenslange Liebe war im Durchschnitt nur halb so lang wie heute. Jetzt bräuchten wir für eine gutgehende Beziehung mindestens doppelt so viel Treue und Liebe wie unsere Vorfahren. Durch die gestiegene Lebenserwartung steigt also auch die Nachfrage nach Liebe, die aber gleichzeitig immer knapper wird. Die meisten Ehen werden tatsächlich im verflixten siebten Jahr geschieden. Das heißt genaugenommen, die Liebe verschwindet mindestens ein Trennungsjahr vorher. Es müsste also eigentlich das verflixte sechste oder fünfte Jahr heißen. Auf jeden Fall ist sie plötzlich weg, die Liebe. Aber wo ist sie hin? Hat sie sich verlaufen, um nicht zu sagen „verliebt"? Ist sie möglicherweise vom einst geliebten Partner auf ein anderes Wesen übergegangen? Vielleicht auf eines der 22,9 Millionen Heimtiere, die wir uns in Deutschland halten. Fische nicht mitgerechnet. Am beliebtesten sind Katzen, dann kommen Kleintiere wie Hamster, Mehrschweinchen und Mäuse, danach Hunde und Ziervögel. Unsere Tierliebe lassen wir uns pro Jahr 2,9 Milliarden Euro kosten. Wir können aber noch viel mehr lieben. Zum Beispiel unsere Lieblingsfilme, Lieblingsstars, Lieblingsblumen, Lieblingscomputerspiele, Lieblingsgerichte und so weiter und so fort. Da bleibt nicht mehr viel Liebe übrig. Was kann man tun gegen den allgemeinen Liebesmangel? Auf keinen Fall nichts tun. Nicht warten, bis man sich wie andere länger dienende Paare im Restaurant lieblos anschweigt! Besser ist, bei der nächsten Gelegenheit den anderen mal wieder richtig lieb zu haben …

Ein weiteres wunderschönes Lied, das so ganz nebenbei unsere Sprache um eine Redensart bereichert hat, stammt von Reinhard Mey. Darin heißt es: „Über den Wolken – muss die Freiheit wohl grenzenlos sein." Reinhard Mey ist allerdings begeisterter Hobby-Pilot. Ich kenne Menschen, die würden eher singen:

Über den Wolken ...

... kann die Panik wohl grenzenlos sein. Ich fliege von Berufs wegen ziemlich viel. Gott sei Dank leide ich selbst nicht unter Flugangst. Was ich allerdings bei anderen Menschen mitleiden muss, erfordert streckenweise Nerven wie Drahtseile. Kürzlich stieg ich mit einem guten Bekannten arglos in ein Flugzeug. Als erfahrene Seelen-Stewardess las ich in seinem flehender Blick: „Ich bin kein Vogel! Bitte, lasst mich sofort wieder raus!" Ich versuchte das Problem einzukreisen und fragte möglichst einfühlsam: „Hast du vielleicht Flugangst?" „Nein", sagte er, „ich habe nur Angst abzustürzen." Ich begann das übliche Programm: „Weißt du denn nicht, dass das Lebensgefährlichste am Fliegen die Fahrt zum Flughafen ist?" Er lächelte müde: „Weißt *du* denn nicht, dass diese Berechnungen heiße Luft sind?" Wusste ich nicht. Er: Das langjährige europäische Mittel von 0,9 Prozent Unfall-Toten pro eine Million Flugstunden könne man mathematisch überhaupt nicht mit KFZ-Opfern vergleichen. Wusste ich auch nicht. Wir rollen zum Start. Mein Mit-Passagier schlägt nervös die Zeitung auf, stutzt, schaut, als wolle er die Notbremse ziehen. Er tippt triumphierend aufs Papier und verkündet: „Hier, sie haben eine ganze Airline gesperrt." „Wir fliegen mit einer ganz anderen", sage ich. „Bei denen hier ist schon seit Menschengedenken nichts mehr passiert." Mein Bekannter stöhnt wie ein verklemmtes Bugrad. Das sei es ja gerade. Das wisse doch jeder Cockpit-Trottel im ersten Lehrjahr: „Je länger nichts passiert, um so eher passiert was. Statistisch gesehen." Wir starten. Ich versuche, zu beruhigen und sage: „Flugangst ist genaugenommen nur Unwissenheit." Er lacht hysterisch: „Ich weiß alles. Jetzt zum Beispiel sind Triebwerk und Zelle dieser Unglücksmaschine aufs äußerste beansprucht. So ein Ding besteht aus fast sechs Millionen Einzelteilen, glaubst du ernsthaft, dass da noch einer den Überblick hat? Wenn bei meinem Auto der Motor klappert, halte ich an. Aber was machen Piloten?" Er schaut plötzlich sehr nachdenklich und fragt, ob ich dieses singende Geräusch höre. Ich frage, ob er die Kaffeemaschine im Heck meinen würde. Er wird blass. 1973 ging es bei Blu-Sky-Air 314 über Bombay genauso los. Es stellt sich heraus, dass mein Bekannter über jegliche Luftfahrtkatastrophe seit Charles Lindbergh bestens informiert war. Seine Kinder hatten ihm gemeinerweise ein illustriertes Buch mit den grausligsten Abstürzen aller Zeiten geschenkt. Er besaß eine Sammlung von Blackbox-Mitschnitten aus todgeweihten Flugzeugen. Gern zitierte er die letzten Worte vor dem Crash. Unsere Zeit verging wie im Fluge. Demnächst will ich mit ihm eine Dampferfahrt machen. Ich habe so furchtbare Angst vor Wasser, da werde ich ihm mal was erzählen!

Wenn zwei oder mehr Deutsche ein und dasselbe Wort in den Mund nehmen, dann sagen sie noch lange nicht, was sie denken, weil sie etwas Unterschiedliches meinen, obwohl sie etwas Ähnliches ausdrücken möchten. Beispiel:

Kindertage

Für mich war schon als Kind sonnenklar: Am ersten Juni ist Kindertag. Mein Freund Peter behauptet dagegen: „Am zwanzigsten September ist Kindertag, das weiß doch jedes Kind." Normalerweise würde ich denken: Typisch, Männer können sich überhaupt keine Tage merken, keine Hochzeitstage, keine Geburtstage und Feiertage außer Himmelfahrt sowieso nicht. Aber hier hat mich der Peter nun doch verunsichert. Wenn er auch manchmal ein rechter Kindskopf ist, eins muss man ihm lassen: Mit Zahlen kann er umgehen. Mit dem Kalender auch. Wie kommt er also dazu, einen vollkommen anderen Kindertag erlebt zu haben als ich? Gibt es vielleicht einen Kindertag für kleine Mädchen und einen anderen für kleine Jungs? Oder hat Peter eine schwere Kindheit gehabt? Er kann sich nämlich nicht erinnern, an seinem Kindertag schulfrei gehabt oder sich mit Pudding und Brausepulver amüsiert zu haben. Das jedenfalls ist meine Erinnerung an den ersten Juni. Peter kann sich überhaupt nicht an irgendwelche Kinderfeste zum Kindertag erinnern. Dabei feiert er eigentlich ganz gern. Vielleicht mochte er ja keine Brause. Es musste etwas geben, was uns als Kinder grundlegend getrennt hat. Gab es natürlich: Er kommt aus Hessen, ich aus Sachsen, was bei uns beiden eigentlich nur dann zu hören ist, wenn wir uns aufregen. Des Rätsels Lösung: In Ost- und Westdeutschland wurden unterschiedliche Kindertage begangen. Bei mir der „Internationale Kindertag" am 1. Juni, bei Peter der „Weltkindertag" am 20. September. Bei mir war's mehr ein Feiertag, bei ihm eher ein Gedenktag, wie der „Tag des Baumes" oder der „Tag des deutschen Bieres." Haben wir da wieder was Trennendes entdeckt, das dringend noch vereinigt werden muss? Das Schöne an den zwei deutschen Kindertagen ist, sie haben gemeinsame Ursprünge: eine Konferenz aus dem Jahre 1925 und eine Empfehlung der UNO aus dem Jahre 1954. In der Folge haben fast alle Staaten zu allen möglichen Daten einen Kindertag eingeführt. Außer die USA. Dort gibt es heute überhaupt keinen offiziellen Kindertag. Die Vereinigten Staaten und Somalia haben auch die Kinderrechts-Konvention von '89 bis jetzt nicht unterschrieben. Den allerersten Kindertag der Welt hat übrigens schon 1920 die Türkei eingeführt. Unsere deutschen Kindertage sollte man unter keinen Umständen zusammenlegen. Ich finde, wir können gar nicht genug davon haben, aus Spaß und zum Nachdenken. Mittlerweile werden in Deutschland ja sowieso beide Tage gefeiert. Und deshalb haben wir glücklicherweise auch beide recht, der Peter und ich. Sonst wär er wieder eingeschnappt …

Das Wort „Zankapfel" beruht auf einer antiken Sage. Die griechischen Göttinnen Hera, Athene und Aphrodite zankten sich um einen goldenen Apfel, der für die Schönste von ihnen bestimmt war. Obergott Zeus bestimmte den Jüngling Paris zum Schiedsrichter, der übergab den Apfel der Aphrodite, was letztlich zu noch mehr Zank, sprich zum Trojanischen Krieg führte. Bei modernen goldenen Zankäpfeln geht es oft weniger um die Schönheit als vielmehr um das Gold bzw. schön viel Geld. In einem Falle wurden

Pillen zu Zankäpfeln

Dr. Martin Luther hat einst geschrieben: „Wenn morgen die Welt unterginge, würde ich heute noch ein Apfelbäumchen pflanzen." Ich glaube, er hat sich was dabei gedacht, als er

Zuversicht und Gottvertrauen ausgerechnet mit einem Apfelbaum zum Ausdruck brachte. Dass Äpfel Leben bedeuten, wusste er natürlich aus biblischen Überlieferungen und vor allem – aus Erfahrung. Von Vitaminen hatte er allerdings noch keine Ahnung. Die wurden erst im vorigen Jahrhundert entdeckt. Inzwischen weiß man, was Vitamine alles können: Sie machen nicht nur gesund und widerstandsfähig, nein, außerdem noch schön, schlank, schlau, fit, ewig jung, weiße Zähne, gelenkig, intelligent, dynamisch, gute Laune und so weiter und so fort. Alles Sachen, die in unserer Hochglanz-Welt ungemein wichtig sind. Eigentlich müssten sich die Leute um jeden Apfel prügeln, weil er eine äußerst wertvolle Vitaminbombe ist. Ein Früchtchen hat nur 3,4 Prozent unseres täglichen Kalorienbedarfs. Und was macht es damit? Es bringt uns allein 23 Prozent des gesamten Vitamin C, das wir am Tag so brauchen. Auch B und E sind in Massen vorhanden. Bei Freunden und Kollegen sehe ich inzwischen immer mehr Schachteln mit Vitamin-Pillen und chemischen Wundermitteln, die natürlich alle irgendwie biologisch sind. Apotheken und Supermärkte sind voll mit derart künstlichen Äpfeln. Die Fachwelt hat den Trend inzwischen zum Zankapfel gemacht. Die einen sprechen von Stimmungsmache, die anderen von „Geschäftemachen" und Vitamin-Missbrauch. Ich gehöre nicht zur Fachwelt, aber mir scheint, was auf natürlichem Weg in meinen Körper kommt, hat die Natur meist schon ein paar tausend Jahre an unsrem Planeten und seinen Lebewesen quasi klinisch getestet. Nichts gegen Medikamente bei Krankheiten. Aber beim Essen? Ich würde den Natur-Apfel vorziehen, da stimmt auch das Preis-Leistungs-Verhältnis. Tests sollen ergeben haben: 1,5 Gramm reines Vitaminpulver haben keine größere immunstimulierende Wirkung als 100 Gramm Apfel. Im Übrigen hat die

Natur mit der Marke „Apfel" auch ein weitaus besseres Image erreicht als jede Art von Pillen und Function-Food. Schon im alten Griechenland gab es für den Sieger keine Goldmedaille, sondern einen Apfel. Das war 776 vor Christus. Apropos: In diesem Zusammenhang vermuten manche einen dunklen Sündenfleck auf der Apfelschale. Die Annahme, dass der Baum, von dem Adam und Eva genascht haben, ein Apfelbaum sei, ist noch relativ jung. Ursprünglich war's wohl ein Feigenbaum. Wie auch immer – auf jeden Fall hat Martin Luther gesagt, dass er kurz vor dem Weltuntergang noch ein Apfelbäumchen pflanzen würde – und nicht, dass er zum Alchemisten rennt.

Wenn einer einen anderen „nicht riechen kann", mag er den Betreffenden nicht leiden. Ich kann meine Freundin sehr gut leiden, sonst wären wir nicht befreundet. Und trotzdem:

Ich kann sie nicht mehr riechen

…weil ihr Lieblingsparfüm vom Markt genommen wurde. Ich sage nicht, wie es heißt – das wäre ja Werbung bzw. das Gegenteil davon. Das betreffende Duftwasser wird einfach nicht mehr hergestellt. Sie ist todunglücklich, und ich weiß nicht, wie ich sie trösten soll. Ich habe ihr gesagt, sie möge sich doch einfach ein anderes kaufen. Begnadete Parfümeure komponieren aus ungefähr zweitausend Duftstoffen ständig was Neues, da wird doch wohl auch für sie was dabei sein. Es muss ja nicht gleich „Amouage" sein. Fünfzig Milliliter vom angeblich wertvollsten Parfüm der Welt kosten schon mal 350 Euro. Meine Freundin sagt, es stinkt sie an, wenn ich sie nicht ernst nehme. Sie tut, als hätte sie die große Liebe ihres Lebens verloren. Sie meint: Ja, genau das ist es, wahrscheinlich wird ihr Freund sie jetzt auch noch verlassen. Ich hätte doch keine Ahnung, wie wichtig die Nase für eine zwischenmenschliche Beziehung ist. Ich bin etwas irritiert, will die meinige aber keinesfalls zu tief in ihre Angelegenheiten stecken und schweige. „Weißt du nicht, dass täglich pro Nase etwa 10000 Liter Luft durchgezogen werden?", fragt sie mich. „Nö", antworte ich, „das wusste ich nicht." Sie erklärt mir, jeder Mensch verfüge über zehn Millionen Riechzellen, um damit diverse Lock- und Duftstoffe wahrzunehmen. Und diese sogenannten Pheromone signalisieren unter Umgehung des gesunden Menschenverstandes, ob jemand genetisch zu uns passt oder nicht. Anders ausgedrückt: Die Nase hilft ganz entscheidend, den richtigen Partner fürs Leben zu finden. „Wenn das so ist", sage ich, „dann habe ich mich schon mehrmals verrochen. Ich hatte nicht den richtigen Riecher." Sie meint, ihr bisheriges Parfüm habe ihr nicht nur geholfen, die große Liebe anzulocken, nein, sie habe dieser Flüssigkeit aus ätherischen Ölen, künstlichen Duftstoffen und achtzig Prozent Alkohol auch all ihre beruflichen Erfolge zu verdanken. Genau wie die Frauen in der Fernsehwerbung. Um nicht in den Geruch zu kommen, eine falsche Freundin zu sein, hab ich ihr gesagt, dass ich ihr Lieblingsparfüm schon immer unmöglich fand, es roch für mich nach altem Gras, um nicht zu sagen nach vergammeltem Heu. Ich hab ihr dann noch „Das Parfüm" von Süskind geschenkt. Das Buch beschreibt auf abschreckende Weise, was alles Schlimmes passieren kann, wenn man sich nur noch von seiner Nase herumführen lässt.

Schon die alten Römer wussten, was ein Volk will: „Brot und Spiele". Auch wir sind ein Volk, und die Tatsache, dass bei uns viel zu viel Brot im Müll landet, deutet darauf hin, dass Brot ausreichend vorhanden ist. Umso größer scheint der Bedarf an Spielen. Wie hat Annett Louisan so schön gesungen:

Ich will doch nur spiel'n …

Wenn meine Eltern früher sagten: „Ach, das Kind ist ja noch so verspielt", dann haben sie mich ein bisschen so angesehen wie: „Dich kriegen wir auch nicht mehr groß." Es war praktisch das Prädikat „schwer erziehbar". Heute ist Spielen keine Schande mehr. Die Psychologen spielen mit dem Gedanken, dass Spielen eine sehr nützliche Sache ist und verspielte Erwachsene ganz besonders flexibel, humorvoll und angstfrei durchs Leben gehen. Aber das Spiel hat noch viele andere Vorteile, zum Beispiel einen gewissen Lern- und Bildungsfaktor, der allerdings nicht immer kalkulierbar ist. Beim traditionellen „Mensch ärgere Dich nicht" habe ich gelernt, mich maßlos zu ärgern, was möglicherweise nicht im Sinne des Erfinders war. Dieses Gesellschaftsspiel ist über hundert Jahre alt und mittlerweile gesellschaftsfähig. Ebenso wie das berühmte „Monopoly". Ich kenne einige Freunde und Bekannte, die nach dramatischen Monopoly-Abenden keine Freunde und Bekannte mehr sind. Dieses Spiel spielt mit uns, mit der menschlichen Natur. Und das ist manchmal kein Spiel mehr: 1936 kam es in Deutschland auf den Markt, wo es allerdings nicht lange blieb. Reichsspielverderber Joseph Goebbels hatte es höchstpersönlich verboten. Die Straßennamen der teuren Zocker-Ecken waren zufällig dem Berliner Nobel-Viertel Schwanenwerder entnommen, wo der Minister zu Hause war. Andere Spiele mit etwas weniger

Realitätsbezug dienen gern zur Flucht aus dem Alltag. Scrabble beispielweise kam vor über fünfzig Jahren zu uns und hat später auch in meiner Familie die deutsche Sprache um einige Phantasiegeschöpfe wie „Saukatzen" und „Knirxfanten" bereichert. Nun gibt es ja eine Menge sehr unterschiedlicher Spielchen. „Die Liebe ist ein seltsames Spiel" heißt es in einem deutschen Schlager-Oldie, und die Partnerwahl scheint mir manchmal ein rechtes Lottospiel zu sein. Das wiederum haben die Genuesen vor gut 500 Jahren bei einer Ratswahl erfunden, woran man wiederum erkennen kann: Die Weltgeschichte ist bisweilen ein rechtes Glücksspiel. Inzwischen gibt es Computerspiele, Planspiele der Militärs und Fußballspiele, die an militärische Zusammenstöße erinnern. Ich denke, man muss ja nicht jedes Spiel mitspielen.

G. E. Lessing (1729–1781), Schriftsteller und Philosoph der Aufklärung, klärte uns auf: „In der Natur ist alles mit allem verbunden; alles durchkreuzt sich, alles wechselt mit allem, alles ändert sich, eines in das andere." Wenn das stimmt, dann komme ich auch:

Von Haarspray zu Einstein

Das Haarspray wird bald sechzig Jahre alt. Es ist wie mit allen Erfindungen: In dem Moment, in dem sie erfunden werden, gibt es keinen Grund, den Geburtstag zu feiern. Es weiß ja noch keiner, ob die Menschheit dieses neue Ding da wirklich braucht. So was kann man erst viele Jahre später feststellen. Ich zum Beispiel hätte das Haarspray nicht gebraucht. Mein Friseur weiß: keinen Nebel für die Nebel! Das Spray, das früher Haarlack hieß, macht mir Platzangst. Ich fühle mich geradezu einbetoniert. Es hat sich trotzdem durchgesetzt und seinen Siegeszug angetreten. Vielleicht auch, weil man damit nicht nur Haare fesseln kann, sondern auch Tiere quälen: Ich habe mal einen kleinen Jungen beobachtet, der hat eine Spinne konserviert. Nach dem Besprühen verfiel sie zunehmend, in Zeitlupe, wurde immer langsamer und blieb schließlich stehen. Ich habe den Täter sehr gerügt, aber die Spinne war nicht mehr zu retten. Geradezu lebensgefährlich auch für Menschen ist die Verwendung von Haarspray als Flammenwerfer. Praktisch hingegen – ein Haushaltstipp: saugmüde, immer wieder runterfallende Saugnapf-Haken im Bad lassen sich mit Haarspray prima fixieren. Gute Ergebnisse erzielen auch männliche Sprayer, die mit Hilfe der klebrigen Substanz und der restlichen Haarpracht klodeckelartig kahle Stellen verkleben. Diese Methode ist allerdings nicht dreiwetterfest – von wegen morgens Zschopau, mittags Soest, abends Bruchsal. Schon relativ leichte Windböen stellen die Sprayhaardeckel senkrecht auf und machen die Unglücklichen zum Gespött der Mitmenschen. Es heißt ja, dass vieles genau dann erfunden wird, wenn die Zeit reif dafür ist. Was machte die Mitte der Fünfziger reif für das Haarspray? Albert Einstein war gestorben. Ich habe gelesen, dass seine Entdeckung der Molekularbewegung in Flüssigkeiten irgendwie auch für die Haarspray-Entwicklung Konsequenzen hatte. Was war damals noch so los? Richtig, James Dean, Elvis Presley und die ganzen Schmalztollen. Der frühe Beginn einer durchaus auch haarigen Jugendkultur wurde durch die FAZ damals wie folgt kommentiert: „Halbstarke" seien in ihrer Tendenz zur „Verwahrlosung und Verrohung schlimmer als die Atombombe". Damit sind wir dann schon wieder bei Einstein. Haarspray, Rock 'n' Roll und die höhere Physik – irgendwie hängt immer alles mit allem zusammen.

Der Politiker Reinhard Höppner (er war von 1994 bis 2002 Ministerpräsident von Sachsen-Anhalt) soll mal versehentlich gesagt haben: „Ich verspreche nichts, was ich auch halten kann.“ Dazu würde dich dann sagen:

Versprochen ist versprochen

Wenn der Wahlkampf tobt, dann wird außerordentlich viel versprochen. Also ich meine, es gibt nicht nur jede Menge Versprechen, sondern auch Versprecher. Bernhard Vogel wird zugeschrieben, dass er gegen alle Naturgesetze behauptet habe: „Wir hatten Gegenwind von vorn.“ Das brachte möglicherweise Friedrich Merz dazu, vorsichtshalber zu formulieren: „Uns bläst der Wind von vorn ins Gesicht.“ Theo Waigel versprach einst sich und uns: „Die Mark wird durch den Euro sicherer.“ Es war wohl Otto Schily, der meinte: „In meinem Haus kann jeder tun, was ich will.“ Dazu passt ein Wort, das angeblich von Gerhard Schröder stammt: „In der Realität gibt es das auch in Wirklichkeit.“ Nichts gegen Versprecher! Ich finde, Versprecher sind zutiefst menschlich. Wenn man allerdings von der Brutto-Netto-Verwechslung als parteiübergreifendem Klassiker mal absieht, dann gibt es leider immer weniger menschliche Versprecher in der Politik. Das liegt sicher nicht daran, dass sich niemand mehr verspricht, sondern daran, dass viele es gar nicht mehr mitkriegen, wenn sich jemand verspricht. In manchen Wahlkampf-Debatten werfen sich die Politiker mit wissender Verschwörer-Miene nur noch geheime Code-Wörter zu. Z.B. Kopfpauschale, Bürgerversicherung, Stammzellenimport-Gesetz, Solidarpakt II ... Klar, wenn man jeden Tag damit umgeht, weiß man, wovon man redet. Hoffentlich. Unsereiner kann doch aber nicht vor jeder Wahl diverse

Kurse auf der Volkshochschule belegen. Oder doch? Ist das die Zukunft? Sind die Wahlen auch eine Art „Schule der Nation"? Mir scheint, es wird immer schwerer, sich zu entscheiden. Ein Freund von mir quält sich sowieso schon immer ganz fürchterlich, weil er im Sternbild der „Waage" geboren wurde. Da kam ihm bei den letzten Wahlen ein Tipp im ZDF-Morgenmagazin gerade recht: der „Wahlomat". Ein Internetprogramm, das einem praktisch die Entscheidung abnimmt. Man muss nur ein paar Fragen beantworten, und schon erfährt man, wie groß die Übereinstimmung mit den einzelnen Parteien ist. Mein Freund war frohen Mutes, dass ihm die Qual der Wahl nun erspart werden würde. Doch das Ergebnis war niederschmetternd. Die prozentuale Übereinstimmung war bei allen Parteien annähernd gleich. Für eine Waage-Natur ist so was die Hölle. Wahl-Entscheidungen kann uns eben keiner abnehmen. Und das ist gut so.

Mit einem mystischen „Toi, toi, toi" wünschen sich Künstler am Theater, aber auch beim Fernsehen oftmals Glück. Warum können sie nicht einfach sagen: „Viel Glück für deinen Auftritt"? Weil sie dann den Neid böser Geister wecken. Möglicherweise sind Menschen, die auf eine Bühne gehen, geringfügig abergläubischer als normale Leute. Und wieso ist das Glück bei einem Auftritt so wichtig? Die meisten Künstler haben furchtbares

Lampenfieber

Lampenfieber ist eine aufregende Angelegenheit. Und eigentlich spielt es keine Rolle, ob jemand eine Rede zum 75. Geburtstag der Schwiegermutter oder einen Vortrag über das Sozialverhalten von Kaulquappen halten soll, ob er ein Bewerbungsgespräch zu bestehen hat oder eben eine Fernsehshow moderieren darf. Die Symptome sind immer die gleichen: zum Beispiel Zittern, Schwitzen, Frieren, Herzrasen, Panik und Blutleere im Kopf. Man reagiert sozusagen kopflos. Es handelt sich bei diesen Beschwerden ausnahmsweise nicht um eine Zivilisationskrankheit der modernen Medienwelt. Nein, schon vor mehr als hundert Jahren hat der Schriftsteller Mark Twain festgestellt: „Das menschliche Gehirn ist eine großartige Sache. Es funktioniert vom Moment der Geburt an – bis zum Zeitpunkt, wo du aufstehst, um eine Rede zu halten." Der Hang zum Lampenfieber ist uns allen genetisch vererbt. Wir fühlen uns schutzlos und ohne Deckung. Das war in grauer Vorzeit geradezu lebensgefährlich. Lampenfieber ist genaugenommen nichts weiter als die Vorbereitung zur Flucht. Ich hatte mich lange gefragt, warum ich die letzten Minuten vor meinen TV-Auftritten hinter den Kulissen zwanghaft einen mittleren Marathonlauf absolviere. Heute weiß ich: Das ist der Fluchtreflex. Und die Mediziner sagen: Durch Bewegung kann man tatsächlich Stress abbauen. Das Lampenfieber als körpereigene Überlebensstrategie schärft die Sinne und erhöht die Konzentration. Und wie bei vielen richtigen Krankheiten kann man durch das Fieber selbst auch Abwehrkräfte entwickeln. Für mich ist es übrigens am schlimmsten, wenn ich im kleinen Kreis was Offizielles sagen muss. Da sind mir einige Millionen Zuschauer wesentlich lieber.

Manchmal widersprechen sich auch weise Männer mit ihren Weisheiten. Theodor Fontane (1819–1898) meinte: „Die Tränen lassen nichts gewinnen, wer schaffen will, muss fröhlich sein." Zeitgenosse Fjodor Dostojewski (1821–1881) hingegen war der Auffassung:

Tränen reinigen das Herz

Noch gibt es für das schöne deutsche Wort „Heulsuse" keine männliche Entsprechung. Höchstens: Weichei. Aber das trifft es irgendwie nicht. Lange Zeit durften große Jungs nicht weinen. Aber das ist jetzt offenbar vorbei. Weinen wird langsam auch Männersache. Die Sportler und auch wir vom Fernsehen waren Vorreiter beim öffentlichen Männerheulen. Ich erinnere mich z. B. noch lebhaft, wie wir Paul Anka mit seinen Enkeln überrascht haben. Das war echt und anrührend. Und nun kriegen auch immer mehr Politiker medienwirksam feuchte Augen. Ich finde das überhaupt nicht schlimm, denn Weinen ist menschlich. Aber nur, wenn es von Herzen kommt und nicht zur Masche wird. Kinder heulen, wenn man ihnen das Spielzeug wegnimmt. Männer manchmal auch. Wer zu spät weint, den bestraft die Partnerin mit Verachtung. Es soll Männer geben, die erst sensibel werden, wenn sie ihre Beziehung ganz unsensibel ruiniert haben. Ein Heulanfall zur Rückgewinnung weiblicher Zuneigung wirkt eher abstoßend. Ansonsten scheint mir diese neue Zartheit der Gemüter durchaus zeitgemäß. Es ist ein Ausdruck der zunehmenden Gleichberechtigung, möglicherweise werden Männer dadurch auch uns Frauen in der statistischen Lebenserwartung gleichgestellt. Denn: Weinen ist vor allem eines, nämlich gesund und lebenswichtig. Tränen bestehen aus Salzen und noch ziemlich unerforschten

Eiweißen. Man nimmt an, dass diese Stoffe eine Art „Traurigmacher“ sind, die mit den Tränchen aus dem Körper herausgespült werden. Weinen reinigt und befreit also wirklich. Die Seele wird durchgespült. Wer nicht weint, muss seinen Kummer runterschlucken – und das führt nachgewiesenermaßen zu Magengeschwüren und Herzinfarkten. Kein Wunder also, wenn große Jungs, die nicht weinen können, wollen oder dürfen, öfter krank werden. Aber selbst in der Politik kann demonstrative Weinverweigerung gewisse Folgen haben. Die Geschichte kennt ein berühmtes Beispiel. Als 1989 viele Ostdeutsche in den Westen gingen, sagte der damals starke Mann im Staate, er würde diesen Menschen keine Träne nachweinen. So kann's gehen. Nichtweinen ist eben auch ein bisschen unmenschlich. Da ist mir die eine oder andere Träne schon lieber. Und vielleicht sprechen wir ja bald nicht mehr nur von „Heulsusen“, sondern zum Beispiel auch von „Heulhanseln“.

Man muss kein Schriftseller sein, um am kreativen Schreiben Freude zu haben. Weit mehr Menschen als man denkt, versuchen sich an einer Art

Autonummern-Lyrik

Es ist schon ein paar Jahre her, da klingelte es, und eine Nachbarin stand am frühen Morgen vor der Tür: „Ihr Nummernschild ist gestohlen worden.“ „Das Nummernschild von meinem neuen Auto?“ „ Ja, aber nur hinten“, sagte die Nachbarin zum Trost. In meiner Verwirrung muss ich ein wenig geguckt haben wie: „Vielleicht war's ein Fan, der quasi ein AUTO-gramm wollte." Das hab ich natürlich nicht gedacht – aber die Frau sagte vorsichtshalber noch: „Sie sind nicht die einzige, Frau Nebel. Die ganze Reihe in der Straße hat es erwischt." Welcher Esel klaut bitte reihenweise hintere Nummernschilder? Vielleicht eine Kunstaktion zum damaligen Autonummern-Jubiläum. Die Einführung von KFZ-Kennzeichen in Deutschland jährte sich zum 100sten Mal. In den frühen Schilder-Jahren begann eine Berliner Nummer mit „IA". Das war keine Eselei, sondern römisch Eins für Preußen und „A" für Berlin. Ich hab mal gelesen, Kaiser Wilhelm (römisch Zwo) fühlte sich als absolute Nummer eins und wollte für seine Karosse unbedingt das Kennzeichen „IA -01". Das hat er aber nicht bekommen. Heute bekommt man für zehn Euro durchaus schon ein Wunschkennzeichen. Initialen und Geburtstag-Monat-Kombinationen haben ja schon viele. Ich nicht, sonst könnte ich mir meine Autonummer irgendwann vielleicht mal merken. Das ist durchaus praktisch: Wer z. B. auf dem Gelände einer Fernsehanstalt parken will, muss manchmal seine Autonummer beim Pförtner ansagen, wenn das Auto weit weg steht. Ich muss dann immer nachschauen gehen. Ein Freund von mir spart sich den Weg und sagt einfach „B XY 007" oder so was. Manche Kennzeichen sind allerdings unvergesslich. In Dortmund gibt es auf Wunsch „DO OF", in Stuttgart „S AU" und in Bad Segeberg „SE X". Aber ich kann ja nicht extra dahin umziehen, wo ich mir meine Autonummer merken kann. Vielleicht in den Rhein-Kreis Neuss: Da gäb's „NE" wie Nebel. „Nieten Europas" ist übrigens eine gängige Verballhornung dieses Kürzels, aber so etwas gibt es bei jeder deutschen Kennung: Das „PI" vom Landkreis Pinneberg erkennt ein Hamburger Chauffeur als: „Pennt immer". Das Märkische „OHV" (Oberhavel) wird in Berlin mit „Ohne Hirn und Verstand" übersetzt. Im Gegenzug liest man dort das Berliner „B“ wie „bekloppt“ oder „bescheuert“. Apropos „B-scheuert“: Wer klaut Autonummern? Gestern klingelt es, ein Polizist steht vor der Tür. Der hat mein Schild natürlich nicht geklaut, aber er gab es mir zurück und klärte mich auf: Kennzeichen-Klau ist leider „in“. Früher hätten Bankräuber so ihre Fluchtautos getarnt. Jetzt seien es die Benzinräuber an der Tankstelle. Fast wäre meine Nummer auf einem Wach-Video gewesen. Na, super!

Manche Begriffe sind jahrzehntelang eine Selbstverständlichkeit, und dann verschwinden sie ziemlich plötzlich aus dem kollektiven Gedächtnis. Fragen Sie mal einen Zwanzigjährigen, was eine „Ansagerin“ ist! Ich war selbst mal eine, zum Beispiel auch an einem dieser

Tage, die man nie vergisst

Da wissen die meisten von uns noch ziemlich genau, wo sie gerade gewesen sind und was sie um dieses Datum herum getan und gedacht haben. Dazu gehören natürlich der 9.11.89 (Mauerfall) oder auch der 26.4.86 (Tschernobyl), als das Atomkraftwerk in die Luft flog – und dies auch im Sinne des Wortes in die Luft über dem damals geteilten Deutschland. Da war ich Ansagerin im DDR-Fernsehen. Seinerzeit wurden die „Damen und Herren“ in Ost und West noch begrüßt und durch das Programm geleitet. Zum Ende des TV-Abends (beide Systeme gönnten sich nachts eine Sendepause) hatten wir einen kurzen Wetterbericht zu verlesen. In den Wochen nach dem Unglück sorgte die Obrigkeit gottgleich dafür, dass es in der DDR grundsätzlich keinen Ostwind mehr gab. In unseren Wettervorhersagen wurde jegliche Luftbewegung vorsichtshalber gestrichen. Lieber gar keinen Wind als diesen, der womöglich radioaktiv war. Nun wusste aber ohnehin jeder, dass zur selben Zeit in Bayern erhöhte Strahlenwerte gemessen wurden und dass der Wind auf die Anordnungen von Partei und Regierung pfeifen würde. Vielleicht gibt es ja einen Zusammenhang zwischen Mauerfall und dem Super-GAU: Eine Gesellschaft, die auf diese Art mit der Gefährdung ihrer Bürger umgeht, muss sich nicht wundern, wenn sie von den Bürgern abgeschafft wird. Zwanzig Jahre nach Tschernobyl streiten die Wissenschaftler, wie viele Opfer es hier und dort gegeben hat – oder noch geben wird. Manche Mediziner sagen, auch in Europa hat die Zahl der Krebserkrankungen zugenommen, andere bestreiten das ganz entschieden. Ich bin kein Spezialist, allerdings gehöre ich zu jener Generation, die vor vierzig Jahren im Sandkasten gebuddelt hat. Damals übertrumpften sich die Großmächte gegenseitig alle paar Wochen mit atomaren Erfolgsmeldungen: Es ging darum, wer gerade wieder eine Atombombe mit so und so viel Megatonnen in die Luft gejagt hatte. Einige Messungen Anfang der Sechziger sollen für Deutschland sogar eine höhere Belastung ausweisen als 1986. Ich denke nicht gern darüber nach. Es ist auch nicht bewiesen, dass es hier bei uns zwischen der Strahlenbelastung der vergangenen Jahrzehnte und der Anzahl der Krebsfälle einen Zusammenhang gibt. Aber den Krebs gibt es, und es gibt Kinder, die furchtbar zu leiden haben. Die Kinderkrebsklinik in Freiburg, für die ich mich seit Jahren stark mache, braucht ein neues Elternhaus, damit die kleinen Patienten ihren Familien nahe sein können. Die Kontonummer des Spendenkontos lautet:

Förderverein für krebskranke Kinder e.V.
Freiburg i.Br.

Sparkasse Freiburg
Kto. 23 00 454
BLZ 680 501 01